IBÁN YARZA

—

100 RECETAS
de pan de pueblo

Ideas y trucos para hacer en casa
panes de toda España

Grijalbo

A la memoria de mi padre

Papel certificado por el Forest Stewardship Council®

Primera edición: noviembre de 2019

© 2019, Ibán Yarza, por el texto y las fotografías
© 2019, Penguin Random House Grupo Editorial, S.A.U.
Travessera de Gràcia, 47-49. 08021 Barcelona

Printed in Spain – Impreso en España

Diseño de tripa y cubierta: Penguin Random House Grupo Editorial

ISBN: 978-84-17338-64-0
Depósito legal: B-17.728-2019

Impreso en Gómez Aparicio, S. A.
Casarrubuelos (Madrid)

DO38640

Penguin
Random House
Grupo Editorial

Sumario

Prólogo

Tras recorrer cientos de obradores y panaderías de las cincuenta provincias de España, en 2017 publiqué *Pan de pueblo* con la intención de presentar un recopilatorio de la panadería tradicional que aún se practica por todo el país (desde entonces han cerrado varias de las panaderías que aparecen en el libro, lo que justifica aún más su publicación). *Pan de pueblo* es un libro único en muchos sentidos. A día de hoy, ninguna otra obra muestra una variedad tan grande de elaboraciones tradicionales y menos aún las historias de los panaderos que las preparan. En aquel libro presté una especial atención al aspecto humano e histórico, dando voz a las mujeres y hombres que portan el mensaje secular del pan; sus caras, sus manos, sus historias y sus gestos respectivos constituyen el hilo conductor a través de mil doscientas fotografías. Cada provincia me sirvió de excusa para reflexionar sobre conceptos como la tradición, la cultura, la innovación técnica o la transmisión de conocimientos, asuntos que subyacen tanto en la elaboración de pan como en cualquier actividad humana, pero que en el mundo panadero cobran una relevancia especial.

Pan de pueblo presentaba una receta por provincia, aportada generosamente por algunas de las panaderías que se incluían, poniendo así al alcance del lector parte del paisaje de pan que el libro dibujaba. Siguiendo esa idea, y tras meses de pruebas y ajustes, este nuevo libro pretende aproximar al panadero casero recetas tradicionales de toda España, haciendo que pueda elaborar en su cocina el pan del pueblo de sus padres o sus abuelos. La idea es dar a conocer elaboraciones regionales que a menudo son desconocidas en otras zonas del país. El libro se estructura en diez capítulos, la introducción de técnicas y nueve temáticos de recetas. Al contrario de lo que sucedía en *Pan de pueblo*, el contenido no está organizado geográficamente, sino por estilos de pan.

La panadería tradicional española es una gran desconocida en el resto de Europa, a pesar de tener elaboraciones hermanas de otras muy famosas de otros países. Siendo esto triste, cada vez me parece que es, además, una gran desconocida dentro de sus propias fronteras. Acompañando al tradicional complejo hacia lo propio, parecemos adolecer de una ignorancia y desinterés por lo que hace el vecino. Una de las motivaciones que inspiraron este libro es, precisamente, contribuir a difundir y popularizar parte del gran patrimonio panadero que tenemos, como continuación de la labor iniciada con *Pan de pueblo*.

A pesar de la gran variedad temática, de técnicas y de sabor de las cien recetas, es evidente que seleccionar tan solo cien elaboraciones constituye un compromiso y deja fuera especialidades relevantes. En este sentido, el libro cuenta con una selección de familias o ideas que luego el lector puede desarrollar según su gusto. Para ello, además de las fotografías paso a paso que acompañan a cada receta, se presenta en cada capítulo un abanico de técnicas distintas para afrontar cada familia de panes (opciones sin amasar, con distintos reposos o bien utilizando la masa madre de cultivo o prescindiendo de ella). Muchas recetas incorporan técnicas y métodos tradicionales que se siguen empleando hoy en día en muchos obradores, pero también se ofrecen adaptaciones a las condiciones especiales de la panadería casera cuando esto pueda facilitar el trabajo o solventar alguna dificultad importante.

La tradición no es un barco anclado en el mar en calma de un pasado idílico, sino que se trata de un proceso en constante evolución. En este libro hay recetas con miles de años de antigüedad, otras que nos llegan desde el medievo y algunas apenas creadas el siglo pasado. No obstante, cuando se afronta el reto de recopilar elaboraciones tradicionales, siempre se corre el riesgo de que alguien diga «pues en mi pueblo no se hace así», lo cual es completamente normal, ya que no hay una sola manera de hacer las cosas. Sea como fuere, es imposible enfrentarse a la tarea de recopilar y adaptar recetas tradicionales sin la ayuda de los panaderos que las elaboran a diario. Estas cien recetas son adaptaciones y versiones de panes que han compartido con una generosidad inabarcable panaderos de todo el país con quienes estoy en deuda y a quienes va dedicado este libro.

Sant Antoni de Portmany, junio de 2019

Ingredientes
y técnicas

Al contrario de lo que puede suceder en repostería, en panadería una receta no vale para nada a menos que se comprenda el método. Paradójicamente, el capítulo sobre las técnicas puede ser el más relevante de este recetario para conseguir el éxito en las elaboraciones de las distintas recetas que aparecen en este libro. En las siguientes páginas se presentan de forma sucinta las técnicas e ingredientes que hay que comprender no solo para lograr hornear grandes panes, sino también para disfrutar haciéndolo. Lo que importa es el método: el proceso primero, la receta después.

¿Qué hace falta para hacer pan en casa?

A menudo, quien se plantea hacer pan en casa se siente abrumado por la idea de que hacen falta herramientas específicas, un horno especial e instalaciones que solo se dan en el entorno profesional. Sin embargo, la panadería ha sido durante siglos un asunto casero que se preparaba con medios mínimos, al menos la masa; el horneado solía realizarse en el horno comunal o en el horno de las casas que lo tenían. Por suerte, hoy casi todos los hogares disponen de un horno (más adelante veremos cómo conseguir panes estupendos con un humilde horno casero). ¡Con los recursos que tenemos al alcance de la mano podemos hacer grandes panes!

Los instrumentos más importantes, versátiles y esenciales serán nuestras manos. Ellas pueden amasar, heñir, formar, marcar y darnos toda la información necesaria para aprender. Para acabar de configurar el equipamiento esencial, tan solo hay que añadir la capacidad de observación y el aprendizaje. La vista, el tacto y el olfato forman nuestra caja de herramientas fundamental. Como en cualquier otra actividad, la práctica es la que otorga el dominio de la materia en cuestión; es decir, para aprender a hacer pan hace falta hacer pan. Parece evidente, pero a menudo encuentro personas a las que les ha salido mal un pan y por eso han pensado que no pueden hacer pan. Para ayudar a nuestra capacidad de observación es muy interesante anotar los detalles de preparación de cada pan, no solo el peso de los ingredientes, sino la temperatura o la hora; a menudo esos detalles tienen gran relevancia en el resultado final. La cámara del teléfono que todos llevamos encima es una gran aliada, ya que las fotografías son bastante objetivas al mostrar nuestros progresos y fracasos. Una carpeta con fotos de los panes realizados es una gran herramienta de aprendizaje, como lo son las imágenes de los puntos intermedios del proceso (cómo estaba la masa durante el amasado y al final de él, antes del formado, antes del horno, etc.).

Para la elaboración de la masa propiamente dicha nos valdrá un bol grande o una ensaladera de boca ancha (para acceder con comodidad al contenido). El material no tiene mucha importancia, simplemente tenemos que pensar que si es un bol con un peso considerable, su temperatura se transmitirá a la masa, cosa que hay que tener en cuenta (puedes tener una masa a una temperatura perfecta, pero un kilogramo de vidrio a 18 °C le transmitirá mucho frío).

Para amasar sirve cualquier superficie lisa. Por lo general, la encimera de la cocina es perfecta, ya sea de mármol, granito, acero inoxidable o cualquier material tratado y con un acabado liso. La madera funciona muy bien para el formado, ya que su textura «viva» y con grano es perfecta para dar un poco de adherencia, pero durante el amasado la masa tiende a pegarse un poco más que en una encimera de los materiales descritos anteriormente.

Tal vez el único instrumento importante que es posible que no tengamos en casa sea una rasqueta o cuerna de plástico para ayudar en el amasado y formado. La rasqueta nos permite sacar la masa del bol cuando está aún pegajosa y manipularla durante el amasado, en los momentos más críticos, cuando se puede pegar a las manos de forma irremediable. Mis favoritas son las de plástico rígido levemente flexible. Las de silicona flexibles están bien para vaciar la cubeta de una amasadora, pero les suele faltar un poco de rigidez para dominar la masa al amasar sobre la mesa. Hazte con una en cuanto tengas ocasión.

Durante la fermentación final de la masa necesitamos materiales porosos que, en combinación con la harina, eviten que la masa se pegue. Es muy habitual usar telas de lino o algodón de punto muy cerrado, pero en general cualquier trapo de casa de punto cerrado funcionará bien si empleamos suficiente harina para evitar que la masa se adhiera (las telas y trapos de rizo o con hilos y pelos largos suelen atraer la humedad de la masa y el resultado es que esta se pega terriblemente). Para fermentar piezas húmedas y darles apoyo (para que mantengan así su forma) se emplean a veces cestos de fermentación específicos, que pueden sustituirse con facilidad (como se ve en las recetas) por un bol forrado con un trapo bien enharinado.

Para dar cortes a la masa antes de la cocción, en las panaderías se suele emplear una cuchilla finísima, como las de afeitar, montada en un mango. Por suerte, también servirá cualquier cuchillo que tengamos en casa. Para masas hidratadas, un cuchillo de sierra pequeña nos valdrá (parecido a un cuchillo de carne, o el propio cuchillo de cortar el pan). Para cortar masas duras como el candeal, un cuchillo de filo liso (una puntilla) funcionará mejor.

Harinas - Trigo

España es un país de trigo. Es evidente, como veremos más adelante, que hay otros cereales maravillosos con los que se ha hecho pan desde antiguo (como el centeno) o menos antiguo (como el maíz), pero la familia del trigo es la más extendida, tanto geográficamente como en los recetarios. Esta incluye los finos trigos de delicada harina blanca, esenciales para el pan candeal, el amarillo trigo duro tan típico en los panes de la cuenca mediterránea y la escanda, el arcaico pariente del trigo común, que tiene mucho arraigo en Asturias. Por desgracia, han desaparecido muchas variedades, pero actualmente hay un incipiente movimiento para recuperar la gran riqueza de variedades que había por todo el país, cada una adaptada a su entorno y condiciones. Sea como fuere, tenemos a nuestro alcance una gran selección de diferentes harinas, lo que a veces puede llevar a confusión.

Igual que sucede en otros lugares, el pan blanco ha sido siempre el más valorado como sinónimo de opulencia y finura. No es de extrañar, ya que para hacer un kilo de harina blanca hacían falta casi dos kilos de cereal (además de unas telas finísimas para el tamizado), mientras que la harina integral rinde mucho más, pero hace un pan más tupido que ha sido menos apreciado en el sur de Europa (en el norte, el pan integral lleno de granos y semillas es muy estimado, a pesar de que allí han sufrido guerras cruentas y también han padecido la escasez y el hambre). El pan, como pocos alimentos, es un atributo cultural que refleja no solo una situación geográfica, sino también la historia.

La harina de trigo se puede entender e identificar de muchas maneras (algunas de las cuales son muy técnicas y requieren de sofisticados instrumentos de laboratorio). Para tener una idea general y accesible es interesante entender dos de sus características esenciales, que son distintas entre sí (aunque a veces se suelen confundir): fuerza y extracción.

Por un lado está la fuerza de la harina. El trigo, como familia, es el único cereal que otorga fuerza a una masa; la cantidad y calidad del gluten contenido en el grano la condicionarán. La fuerza es lo que dará su estructura a la masa y hará que sea más tenaz o más extensible. Esto no es ni bueno ni malo, sino que dependerá del pan que queramos hacer. Por ejemplo, una harina demasiado fuerte puede ser lo último que necesitemos para elaborar una pieza que vayamos a estirar mucho (su tenacidad complicará el formado). La fuerza se puede sentir con facilidad tocando una masa. ¿Vuelve rápidamente tras estirarla? Eso es la elasticidad. ¿Se deja estirar mucho sin romperse? Eso es la extensibilidad. Ambas características se combinan para definir el comportamiento de la masa.

La fuerza se suele expresar mediante el valor W (es algo que se encuentra cada vez más habitualmente en los supermercados o las webs que venden harina). La W indica, de menos a más, la fuerza de la harina. Por debajo de W100 se suele decir que una harina es floja. Las panificables están sobre W130-200 (su uso dependerá de si es un pan rápido o lento, o con poca o mucha agua). La entrefuerte suele rondar W250; la fuerte W300, y la harina de gran fuerza, W400 y más. En el libro usaré tres harinas básicas (W130, W180 y W300) que cubrirán las necesidades más comunes. No obstante, una idea sencilla es que se pueden mezclar, por lo que con dos (una floja y una fuerte) podrías completar una gama entera mezclándolas en distintas proporciones.

Por otro lado está la extracción, que es la cantidad de harina que se saca del grano. La harina integral es grano molido tal cual, entero, mientras que al trigo de una blanca se le ha quitado prácticamente el 30 por ciento de su ser (el salvado y el germen, donde se acumulan las vitaminas y los minerales). La manera de expresar la extracción varía según los países; en el libro usaré la terminología francesa, que emplea la cantidad de cenizas que quedan al carbonizar la harina. Una T45 es blanquísima, la T55 es la clásica de panadería, la T65 tiene un tono más cremoso, la T80 ya es notablemente más oscura, la T110 es semiintegral y la T150 es integral, con todo lo que trae el cereal. Por norma general, cuanto más integral, el pan será algo más tupido y menos voluminoso (lo que no quiere decir que sea malo; tendrá más sabor y podrá ser esponjoso).

Mezclar harinas es la clave para hacer los distintos panes, pero hay que tener en cuenta algo muy importante: la fuerza y la extracción condicionan una de las características esenciales de la masa, la absorción de agua. A más fuerza, más absorción, y a más integral, más absorción (y viceversa).

Otras harinas

Además de las características esenciales que condicionan el comportamiento de la harina de trigo (fuerza y extracción), hay que tener en cuenta otros detalles. El tipo de molienda también altera el resultado final. Los molinos de piedra chafan todo el grano (con sus tres partes: salvado, germen y endospermo; este último es la parte mayoritaria, donde se encuentra el almidón), mientras que los molinos de cilindros (responsables de la gran mayoría de la producción harinera) están diseñados para obtener harina blanca de forma muy eficiente, por lo que separan los tres componentes del grano y, si se desea, al final del proceso los pueden volver a juntar. De este modo, una harina de piedra de extracción media será muy aromática, ya que contendrá pequeñas partículas de germen que habrán impregnado todo el grano, mientras que una de cilindro será blanca enriquecida, en realidad. Esto no es malo ni bueno, pero hay que tenerlo en cuenta para las distintas elaboraciones: una harina blanca de cilindro dará un pan más blanco y esponjoso, a costa de parte del sabor. Una harina integral molida a la piedra será probablemente la más aromática.

Cuando uno lee documentos técnicos sobre molinería, se percata de que por norma general suelen estar redactados teniendo en cuenta exclusivamente los trigos modernos destinados a hacer pan blanco. Sin embargo, hay variedades tradicionales que no responden correctamente a los test de laboratorio (ya que estos están diseñados para otros trigos). Esto no quiere decir que sean malas, sino que habrá que tratarlas de forma un poco distinta (como se haría antiguamente, cuando las amasadoras no existían o no eran tan potentes). Cuando trabajemos con variedades tradicionales del trigo común (como xeixa, jejas, candeales, etc.), a menudo el amasado habrá de ser más delicado (a mano esto no es un problema, pero amasando a máquina es importante recordarlo). Lo mismo se puede decir de la escanda, un trigo con gran cantidad de gluten, pero con poca fuerza, que requiere de un amasado suave y corto para mantener su capacidad de formar una buena estructura. Y otro tanto se puede decir de los trigos duros de harina «arenosa» (compuesta de sémolas finísimas); a pesar de lo que a veces se lee, tienen muy buenas condiciones panaderas, pero no se pueden tratar como un trigo de fuerza.

El centeno fue durante siglos un cereal sufrido por obligación en muchas partes del país. A día de hoy, dentro de las elaboraciones tradicionales, sobrevive con especial vigor en el noroeste. A pesar de contener gluten, el centeno no forma la maravillosa estructura del trigo, por lo que necesita de un tratamiento especial. Es habitual hidratarlo mucho más que el trigo para favorecer su esponjosidad, así como usar masas madre más ácidas y en mayor cantidad, lo que ayudará a que sea más esponjoso. Cuando está bien hecho, un pan de centeno tiene un sabor y aroma inigualables, como lo es su conservación.

El maíz llegó de América como un torbellino. En poco tiempo se hizo un hueco en los campos, las despensas y los recetarios, sustituyendo en muchos casos cultivos anteriores como el mijo o el sorgo. Curiosamente, en los diccionarios de todo el país queda constancia de esto, ya que su nombre está hurtado de sus predecesores. En gallego, *millo* era el nombre del mijo, igual que su nombre en euskera era *artoa*, o *dacsa* era el nombre valenciano del sorgo antes de la llegada del maíz. El maíz carece de gluten, lo que hace panes densos y pesados como las boronas del norte, que se suelen cocer envueltas o apoyadas en hojas de berza para aguantar la larguísima cocción. Estos panes desafían nuestro concepto de pan, ya que parecen más un queso de cereal. Tal vez por eso, como sucede en el continente americano, una de las formas más comunes de consumir el maíz es en tortas finas, que se encuentran por todo el norte, pero que también han dejado su rastro en Levante. Es habitual usar agua caliente para escaldar la harina de maíz y mejorar así sus cualidades plásticas.

La escanda es un miembro de la familia de los trigos que tiene varias particularidades. La primera es que es un trigo vestido (tiene una cáscara exterior) y es especialmente resistente en los climas más húmedos, de ahí que se haya cultivado en el centro de Europa y en España se conserve sobre todo en Asturias. No hay que confundirla con la espelta menor, *T. monococcum,* el tatarabuelo de los trigos modernos, que los manuales españoles de triticultura muestran que se cultivaba hasta hace poco principalmente como alimento para las aves.

Agua

El agua es el segundo elemento en importancia (y cantidad) en el pan. No obstante, a menudo se tiende a pensar únicamente en la importancia de su origen, cuando en realidad esto es muy secundario. Pese a lo que se suele escuchar, hay buen pan y mal pan en todos lados, elaborado con aguas muy distintas (algunas tenidas por buenas y otras por malas). He comido mal pan gallego y buen pan con agua de levante, que tiene muy mala fama. No solo eso: personalmente, a lo largo de los años, en cursos y demostraciones he elaborado pan en casi toda España (siempre con agua del grifo), de Huelva a Girona y de Murcia a Pontevedra, de Mallorca a Tenerife y de Valencia a Bilbao, pasando por los Pirineos, Madrid, Extremadura, Málaga, León o Valladolid. Siempre con agua del grifo y siempre de forma satisfactoria, ante la incredulidad de quien me albergaba (sobre todo en zonas donde el agua tiene mala fama).

En una producción industrial se suelen medir la dureza del agua, su acidez, etc., para que el producto salga siempre igual (igual que se miden los parámetros de cualquier producto industrial en serie). En casa hay mil factores mucho más importantes que el agua y que influirán de forma mucho más definitiva en el resultado final. Dicho lo cual, con los años he aprendido que nada puede vencer los prejuicios y la incredulidad del prejuicioso e incrédulo, así que dejo a libertad del lector usar el agua que mejor le parezca (a sabiendas de que la de su grifo hará un buen pan).

El origen no es lo que importa en el agua, sino cómo la usamos, y esto es precisamente algo que a menudo no nos paramos a pensar. Es de especial relevancia el controlar (y variar) cuánta y a qué temperatura usamos en la masa. Pocas cosas han hecho más daño a la panadería casera que el viejo dicho «añadir agua hasta que no se pegue a las manos». Esta es una indicación nefasta, ya que ignora que, igual que sucede con el arroz, hay masas muy secas, masas de hidratación intermedia y masas muy hidratadas (en concreto, en Galicia, no es raro ver masas con tanta agua como harina). Las recetas del libro sirven como ejemplo, ya que muestran la gran variedad de hidrataciones que se da en las diversas regiones: del candeal, sobado o bregado de masa hipohidratada, que es tradicional en buena parte del país, a masas hiperhidratadas del noroeste, como algunas hogazas zamoranas o el pan gallego. Evidentemente, la capacidad de absorción de las distintas harinas desempeña aquí un papel decisivo.

Por otro lado, se podría decir que la temperatura es el ingrediente más importante (y a menudo ignorado) del pan, ya que condiciona por completo su desarrollo. No solo controla la velocidad a la que un pan fermentará, sino también (por eso mismo) si este tendrá buena estructura o bien le faltará cuerpo. Podríamos intentar controlar la temperatura de la harina o la de la cocina, pero es mucho más sencillo controlar la del agua, calentarla o enfriarla según sea necesario. En términos generales (con las salvedades y excepciones necesarias), una masa de pan tendría que estar sobre los 24-25 ºC. Todas las masas del libro, si no se indica lo contrario, deberían fermentar cerca de este rango, ya que a esta temperatura el ritmo de crecimiento es firme pero controlable y los microorganismos hacen justo lo que queremos. Los tiempos de fermentación del libro están calculados para esta temperatura; habrá que alargarlos si hace más frío y acortarlos si hace más calor. No obstante, es de vital importancia intentar aproximarse lo máximo posible para que el resultado sea el esperado. Esta temperatura está lejos de la idea de «masa tibia» que se suele tener (en las casas de los pueblos solía hacer mucho frío, de ahí la costumbre de calentar bastante el agua y las masas). Por el contrario (en especial en el sur), en verano el clima hará que la masa se vaya involuntariamente casi a los 30 ºC, motivo por el cual será preceptivo enfriar el agua, así como emplear exclusivamente agua fría en épocas muy cálidas. Es tan sencillo como mirar el termómetro y pensar que la harina estará a la temperatura ambiente, y el agua la enfriará o calentará de forma acorde hasta llegar a la temperatura deseada. Elaborando pan con masa madre puede interesar que la masa esté un par de grados por encima para ganar un poco de actividad, dado que los microorganismos de una madre de cultivo no han sido seleccionados, como veremos más adelante.

Masa madre de cultivo (obtención)

Creciente, desancha, dielda, formientu, hurmiento, liuda, lleute, llevat, orantza, recentadura, reciento, yelda...: los nombres del fermento que hace levar el pan son incontables. En cada esquina del país se llama de una manera distinta al trozo de masa que se guarda de una hornada para la siguiente, de donde procede el concepto de masa madre. La idea es sencilla: una vez que has atrapado una colonia de levaduras y bacterias benignas, solo has de alimentarla para tener siempre pan. En los pueblos se iba a buscar la madre a la casa de la última vecina que había hecho pan (y que tenía la madre más fresca y activa). Un bello acuerdo tácito es que nadie puede negar masa madre, ya que en la siguiente ocasión la que hoy da será la que pida.

Un asunto menos conocido es de dónde sale la primera masa madre (a menudo sucede que gente que ha hecho pan toda la vida nunca se ha enfrentado a la necesidad de producirla desde cero). Si no tienes masa madre, lo más sencillo es pedir a alguien un pedacito. Si no es posible, solo hay que seguir unos sencillos pasos para conseguirla. La magia de la masa madre es que con un poco de agua y harina se consigue crear la vida, lo cual no solo es bello, sino que además es delicioso y tiene implicaciones tanto nutricionales como filosóficas acerca de cómo hacemos pan.

La masa madre es un cultivo simbiótico de levaduras y bacterias. Las levaduras se encargarán de crear gas y alcohol, lo cual hinchará la masa llenándola de burbujas (el alcohol desaparece en la cocción). Por su parte, las bacterias producirán una gran carga aromática y de sabor en forma de ácidos (láctico, como el yogur, y acético, como el vinagre). Esta masa madre suele llamarse «de cultivo» o «natural» para diferenciarla de los fermentos hechos con levadura, que a menudo se llaman también «masa madre», como explicaré más adelante.

Para elaborar la masa madre es esencial contar con una temperatura intermedia, de 25 a 30 °C, por lo que es facilísimo hacerla en verano, mientras que en invierno tendremos que usar el ingenio y buscar lugares tibios para favorecer la fermentación. Contra lo que se suele pensar, la fermentación es algo muy simple: es inevitable si hay temperatura, tiempo y alimento. Si la madre no funciona, sencillamente será porque falta temperatura, tiempo o alimento.

Este método de creación de masa madre intenta ser muy sencillo, se puede hacer con cualquier harina y solo necesita de tiempo y temperatura para funcionar. Aunque la harina integral favorece la fermentación, en realidad se puede usar cualquiera, ya que todas están llenas de azúcares, que es al final lo que buscan los microorganismos. La de la imagen está hecha con harina blanca de trigo.

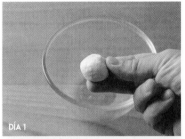

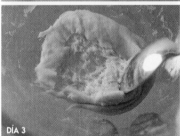

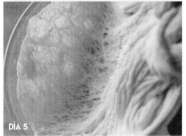

Paso a paso para obtener masa madre de cultivo

Día 1. Mezclar una cucharadita de harina (unos 10 g) con una cucharadita de agua (unos 5 o 6 g). Las cantidades son irrelevantes, solo hay que fijarse en mezclar hasta obtener una pelotita. Guardarla en un bote o bol, tapada para que no se seque. No es esencial, pero puede amasar la pelotita un par de veces al día para oxigenarla y favorecer la proliferación de las levaduras.

Día 2. Hay que concentrarse siempre en que no pase frío, buscando cualquier recurso posible (junto al router o encima de él, detrás de la nevera, etc.). Dependiendo del calor, tal vez tras un día ya se vea actividad (en forma de burbujas), aunque puede que aún no sea muy clara. Añadir media cucharadita de harina (unos 5 g) y media cucharadita de agua (unos 3 g) y mezclar hasta volver a obtener una pelotita blanda. Dejar tapada para evitar que se seque.

Día 3. La actividad será evidente, la pelotita se habrá hinchado y al abrirla mostrará una estructura de miga. Añadir una cucharadita de harina (unos 10 g) y una de agua (unos 5 o 6 g), y mezclar hasta obtener una pelotita blanda. Dejar tapada para evitar que se seque.

Día 4. La fermentación ya será más potente, así que puede que los dos pasos siguientes se puedan hacer con una diferencia de 12 horas en vez de 24 horas. Añadir cucharadita y media de harina (15 g) y una de agua (unos 10 g) hasta obtener una pelotita blanda. Observar cuánto tarda en crecer y en alimentarse.

Día 4 (2). Es probable que en pocas horas haya fermentado. Si no, tranquilidad: habrá que esperar hasta el día siguiente asegurándose de que esté en un lugar tibio. Añadir tres cucharaditas de harina (unos 30 g) y una y media de agua (unos 15 g), y mezclar hasta obtener una pelotita blanda. Dejar tapada para evitar que se seque. Es probable que en apenas 3 o 4 horas la masa doble su volumen (o crezca notablemente).

Día 5. La masa estará hinchada y el aroma será agradable, a fermentación. Añadir 100 g de harina y unos 50 g de agua, mezclar hasta hacer una bola de masa. Tras el entrenamiento de los días anteriores, es probable que este ciclo de alimentación lo complete hinchándose en apenas dos o tres horas, lista para hacer pan. Si no, volver a alimentarla. Una buena confirmación para saber que la madre está lista es hacer dos ciclos de alimentación seguidos en los que, poniendo la misma cantidad de harina y masa madre, la masa consiga doblar su volumen en unas 3 horas.

Masa madre, utilización y almacenamiento

Una vez creada, la masa madre puede durar eternamente siempre que se permita a sus poblaciones de microorganismos alimentarse y reproducirse; en una palabra, siempre que se use. En su acción fermentativa, las levaduras presentes crean alcohol y gas, y las bacterias crean ácidos, por lo que la masa madre es en realidad un lugar muy hostil para otros microorganismos y esto hace que sea un entorno bastante estable.

Antes de la llegada de la nevera, la masa madre se solía conservar en el lugar más fresco de la casa, en una vasija, bote o caja, a veces cubierta con aceite, otras veces con harina y siempre con la idea de preservarla en las mejores condiciones. Hoy en día la conservación es mucho más sencilla, ya que se puede dejar la masa madre en la nevera y el frío ralentizará su actividad, ayudando a conservarla. En la nevera la masa madre puede aguantar meses sin ser utilizada. No obstante, si sabes que no vas a usarla durante más de un par de meses, es buena idea congelarla. Al congelarla en buen estado aguantará mejor un largo periodo de inactividad, mientras que en la nevera iría degradándose poco a poco. Sea como fuere, tras el periodo de letargo, las poblaciones de levaduras y bacterias estarán mermadas y dormidas. La masa madre se acidificará y avinagrará (es totalmente normal), hasta el punto de que no la podremos utilizar directamente. Por este motivo hay que activarla y multiplicarla antes de hacer pan.

Refrescar la masa madre es la expresión utilizada para describir los ciclos de alimentación (con harina y agua) a los que sometemos el cultivo. El principio rector de los refrescos es sencillo: la actividad de la madre viene regulada por la cantidad de madre con relación a la harina (cuanta más madre, más rápido, y viceversa) y la temperatura de fermentación (cuanto más calor, más rápido, y viceversa). Ambas afectan al tiempo que tardará la masa madre en fermentar. Es decir, tenemos la posibilidad de hacer un refresco rápido si añadimos mucha madre con relación a la harina o bien un refresco lento (útil, por ejemplo, para los periodos de sueño o trabajo) si usamos poca masa madre y mucha harina. Para activar los microorganismos es interesante controlar que no baje la temperatura.

Un ejemplo de refresco rápido: una parte de madre por una parte de harina (1:1)
Uso 60 g de masa madre y la alimento con 60 g de harina y 35 g de agua tibia (para favorecer la fermentación). Esto dará una bola de masa madre de unos 155 g. Si la mantengo sobre los 25-30 °C, en unas 3 horas habrá fermentado.

Si lo que quiero es disponer de tiempo entre el refresco y la utilización
de la madre, puedo optar por un refresco como este, usando apenas 5 g de
madre para 100 g de harina y 60 g de agua. En este caso tendré la misma
cantidad, pero la masa tardará unas 12 horas en estar lista (lo que empleamos en dormir o trabajar).

Con esta idea se puede incluso acortar o alargar más el proceso varian-
do las cantidades hacia los dos extremos (2:1 o 1:100, por ejemplo), según necesitemos velocidad o lentitud. En todos los casos, la masa madre fermentará correctamente, pero el poder controlar cuánto tiempo
tarda evitará que nos esclavicen los horarios de la masa madre.

Nota sobre la masa madre en las recetas: en el libro, las recetas contienen indicaciones previas de elaboración de la masa madre, con unas
proporciones y unos tiempos, pero son solo a modo de guía; lo más importante es que se puedan adaptar al horario de cada uno.

Cuando una masa madre haya estado inactiva durante varias semanas
o más, estará débil, por lo que tendremos que «entrenarla» y devolverle
su vigor. Además, estará muy ácida, así que ese entrenamiento no lo haremos una sola vez, sino que lo haremos dos o tres veces seguidas; dare-
mos dos o tres refrescos consecutivos; jugando con lo explicado arriba,
podemos adaptar el tiempo de los refrescos al que dispongamos libre.

Un ejemplo de dos fermentaciones

Primer refresco, la noche anterior a la elaboración del pan. Partimos
de 3-5 g de masa madre (dependiendo de si hace calor o frío), añadimos
50 g de harina y 30 de agua, y lo dejamos fermentar toda la noche en un
lugar tibio.

Segundo refresco, a la mañana siguiente, unas 3 horas antes de elaborar el pan: tomamos los 85 g de madre y le añadimos 85 g de harina y
50 g de agua tibia, para acabar con 220 g de masa madre. Es muy importante acordarse de retirar una pelotita de 20 g, que volverá a la nevera como reserva para el futuro. Cada vez que usemos la madre, partimos de la reserva, pero guardamos madre del último refresco, que está
en plena forma.

Levadura y madres de levadura

La masa madre de cultivo ha sido el método de fermentación por excelencia desde hace milenios y el que se ha empleado de forma casi exclusiva en la panadería de pueblo hasta hace bien poco. Apenas en el siglo XIX se descubrió de manera más profunda el funcionamiento de las levaduras, lo cual finalmente cristalizó en la producción comercial de levadura de panadero tal y como la conocemos hoy (en una pastilla o bloque, y, más tarde, en gránulos secos). La levadura comercial permite fermentar masas a gran velocidad, pero a costa del sabor, el aroma y la conservación.

Hoy en día la levadura se presenta en tacos (grandes para el panadero profesional, pequeños para el casero) que se conservan aproximadamente un mes en la nevera. También se puede encontrar seca, en gránulos pequeñísimos, y se conserva sin necesidad de frío. La única consideración es que de la seca habrá que usar un tercio con relación al peso de la fresca. Si una receta indica 3 g de levadura (fresca), esto equivaldrá a 1 g de levadura seca. En este libro (como en la mayoría de los libros de panadería), salvo que se indique expresamente lo contrario, en las recetas se emplea levadura fresca.

Cuando la levadura se incorporó a los procesos de panadería, pervivió el viejo gesto de guardar un trozo de masa para la hornada siguiente, pero el resultado no es el mismo debido a que las poblaciones de microorganismos en una madre de cultivo son distintas a las de una madre con añadido de levadura comercial. El sabor, el aroma y la textura de la miga son diferentes. No obstante, el nombre «masa madre» se conservó, de manera algo confusa. Por eso, si preguntas a muchos panaderos, te dirán que siempre usan masa madre, ya que muchos emplean un trozo de masa vieja de pan (con levadura). En este libro, como señal de respeto a esa costumbre, uso de forma amplia el término «masa madre», haciendo la diferencia entre madre de levadura y madre «de cultivo» (sin añadido de levadura), lo que indico expresamente. El rango de temperatura óptimo para fermentar con levadura está en los 24-25 °C, lo que habrá que tener en cuenta tanto en las recetas como en los tiempos de preparación previos de la madre de levadura.

El truco para hacer buen pan empleando exclusivamente levadura comercial es dosificarla, utilizando siempre la mínima cantidad posible, ya que la levadura tiene un gran poder fermentativo. Para preparar un pan de levadura que resulte aromático y sabroso, merece la pena alargar la fermentación por encima de las 5 o 6 horas (el caso del candeal es particular, ya que no tiene primera fermentación y se suele hacer un poco más rápido). Con apenas 3 g de levadura por kilo de harina el pan resultante será delicioso.

Para hacer una masa madre que mejore el sabor, aroma, estructura, corteza y conservación (respecto al uso exclusivo de levadura) simplemente hay que pensar de cuánto tiempo disponemos y dosificar la levadura de forma adecuada: a más tiempo, menos levadura.

Como idea general, para fermentar 100 g de harina según el tiempo de fermentación: 1,5 g de levadura para 3 horas de fermentación; 0,5 para 8 horas de fermentación y 0,1 para unas 12-14 horas de fermentación.

Por ejemplo, para hacer 160 g de madre de víspera, unas 12 horas antes, mezclaremos 0,1 g de levadura (una lentejita) con 100 g de harina y 60 g de agua. En este caso, es interesante diluir la levadura en el agua dado lo pequeño de su tamaño, para favorecer su disolución. Si no, tanto la levadura fresca como la seca se pueden usar directamente con la harina; no es necesario diluirlas en agua tibia ni cosas similares. Al día siguiente, se añaden los ingredientes de la receta final (harina, agua, sal y demás) y opcionalmente se puede agregar un poquito de levadura (1 o 2 g por kilo de harina) para dar un poco de velocidad.

En resumen, se puede usar la levadura como único medio de fermentación, en cuyo caso habrá que usar muy poca, o bien se puede hacer una madre con la levadura fermentando previamente parte de la harina de la receta. Este es el mismo concepto que usamos en cocina al hacer un sofrito: no cocinamos todos los ingredientes de una receta desde el principio, sino que sometemos a una parte a una cocción previa para ganar en sabor, haciendo una especie de «cápsula de tiempo» donde se concentran los aromas y el gusto. Esto hace que el producto final sea superior que si se hubieran usado todos los ingredientes desde el principio (solo hay que pensar en la diferencia de hacer un arroz o un guiso poniendo agua o poniendo caldo; una madre es como un caldo que mejora el pan).

Ideas sobre fermentación

Recuerdo, como si fuera ayer mismo, la incredulidad que experimenté cuando, preparando Pan de pueblo, vi que en España se seguían haciendo tortas ácimas (sin fermentar) sobre brasas en pleno siglo XXI, tal y como se elaboraron probablemente algunos de los primeros panes de la humanidad, con gestos que preceden a la escritura.

Los primeros panes fueron masas sin fermentar y en este libro se recogen varios ejemplos que aún se elaboran en distintas partes del país (tanto de trigo como de maíz). No obstante, la idea común de pan es una masa esponjada por la acción de los microorganismos. En una masa de pan, las levaduras y bacterias transforman los azúcares contenidos en la harina en gas, alcohol y compuestos aromáticos (entre los que caben destacar los ácidos producidos por las bacterias lácticas, láctico y acético). Esto crea el producto al que estamos acostumbrados y al que finalmente el horneado acaba por otorgar la corteza aromática, sabrosa e irresistiblemente crujiente que nos es tan querida y familiar.

El proceso de fermentación es la base para conseguir un pan sabroso. Alterando sus características (tiempo y temperatura, principalmente) se consiguen distintos resultados, tanto en sabor y aroma como en miga y corteza. Si a esto le sumamos que podemos alterar las proporciones de harina y agua en la masa, el resultado es que con dos ingredientes básicos se pueden conseguir casi infinitos resultados. Las cien recetas que componen este libro son un buen ejemplo.

Como norma, las fermentaciones prolongadas darán panes más aromáticos y de mayor conservación, mientras que las cortas darán un pan de sabor menos acentuado. Un ejemplo típico es el pan candeal, un pan de fermentación relativamente corta y sabor delicado, donde sobre todo se busca el dulzor propio del cereal, mientras que en panes de larga fermentación se quiere potenciar unos aromas y sabores más intensos, una mayor presencia de la fermentación.

Cuando queremos hacer un pan aromático y sabroso, nos encontramos un problema. Si la fermentación es corta, la estructura del pan se mantiene y llega al horno en condiciones (panes hechos en apenas dos horas). Sin embargo, si es larga, para ganar en aromas y sabores, la estructura sufre y el pan puede llegar al horno muy debilitado, dando como resultado una mala estructura. De ahí que el proceso clásico de panadería divida el proceso de fermentación en dos partes, la primera y la segunda fermentación. En la primera fermentación, la masa va madurando hasta estar llena de aromas y sabor, pero con una estructura débil; entonces el pan se forma para volver a dar estructura al gluten y poder afrontar la segunda fermentación con garantías de llegar al horno con buen cuerpo. Una excepción famosa es el pan candeal (sobado, bregado), que carece de primera fermentación, ya que se quiere evitar a toda costa que la miga se abra y se llene de grandes alveolos, pues entonces perdería toda su magia, se «picaría».

Entendiendo esta división clásica de la fermentación del pan, se puede jugar con los tiempos dependiendo de nuestra disponibilidad (ahí la nevera puede ser un aliado de gran valor) y del tipo de harina que usemos. Por ejemplo, una masa hecha con harina floja sufrirá en una fermentación muy larga y el resultado será un pan muy plano, mientras que una masa hecha con harina muy fuerte y fermentada poco tiempo estará muy tenaz, casi rabiosa, por lo que necesitará mucho tiempo de reposo (además de que se suelen hidratar más, para que ganen en extensibilidad).

El uso de masas madre es la última carta en la manga del panadero, ya que permite hacer, por decirlo así, la cuadratura del círculo. Si no disponemos de mucho tiempo, pero queremos un pan aromático y sabroso, podemos emplear mayor cantidad de masa madre, que incorporará indirectamente una buena carga de gusto y aroma a nuestro pan.

Por último, los ingredientes añadidos también tienen su importancia en la fermentación, especialmente la sal, el azúcar y las grasas. Contra lo que se suele escuchar y leer, la sal no «mata la levadura» y no pasa nada porque se toquen o por usarlas a la vez. Eso sí, la sal ralentiza la fermentación, por lo que un pan con sal fermentará más lento que uno sin ella (como algunos panes de las Baleares o Levante). Curiosamente, no se oye hablar sobre el efecto del azúcar en la levadura, que es similar al de la sal, y hay que recordar que la bollería lleva grandes cantidades de azúcar, motivo por el cual su fermentación será más lenta (o bien necesitará de mayor cantidad de levadura). La grasa actúa de una manera doble: en pequeñas cantidades no afecta a la fermentación y es capaz de aumentar el volumen y dar suavidad a la miga, pero en grandes cantidades retardará la fermentación, por lo que las masas muy grasas (como la ensaimada) suelen tener larguísimas fermentaciones.

Uso de la nevera

En el apartado anterior hemos visto los fundamentos básicos de la fermentación y cómo la temperatura y el tiempo son los parámetros principales para controlarla. A este respecto, el siglo xx está marcado por un hito histórico en la tecnología de panadería. Tras varios milenios de fermentar la masa con una preocupación especial porque esta no se enfriase, la tecnología permitió controlar la fermentación ralentizándola gracias al frío. Meter una masa en la nevera tiene profundas implicaciones, tanto en el aspecto técnico como en el social. Para empezar, libera al panadero de la esclavitud de los tiempos, lo cual hace que pueda organizar de forma más cómoda su producción, ya que una masa no tendrá marcada en rojo la hora a la que está lista y deba entrar al horno. Por otro lado, la fermentación en frío implica lentitud, lo que hace que las masas maduren de forma compleja, dotándolas no solo de gran profundidad de aroma y sabor, sino también de cortezas muy interesantes y de una gran conservación. Por si esto fuera poco, el panadero no tiene por qué pasar toda la noche en el obrador, sino que puede preparar hoy el pan que se horneará mañana, lo que le permite el lujo de poder dormir más y tener una organización del tiempo más acorde con el resto de la sociedad. En unos momentos donde la panadería pasa momentos difíciles, puede que el frío sea la propuesta idónea para atraer a generaciones de panaderos jóvenes (que no estarían dispuestos a sacrificar sus noches) y de esta manera garantizar la supervivencia del oficio.

Para usar la nevera hay que tener en cuenta varios factores. El primero es la potencia del electrodoméstico. Una nevera vieja y poco potente o una que esté abriéndose continuamente no tiene la misma capacidad de enfriar que una nueva que apenas se abre. Es crucial entender esto, ya que su empleo va a suponer una lucha entre el poder de enfriamiento de la nevera y el poder fermentativo de la masa. Si enfría poco y la masa está muy caliente o tiene mucha levadura, el pan se pasará en la nevera, lo que esta no podrá frenar (y viceversa).

Al meter una masa a 25 °C a la nevera, su temperatura no desciende a 4 °C de forma instantánea, sino que hay unas horas durante las que tiene un desarrollo, hasta llegar a esos 4-5 °C en los que prácticamente se detiene en un periodo de meseta y puede dar al panadero una gran libertad al poder dejar la masa hasta el día siguiente en la nevera (o incluso dos días más). Hay varias maneras de usar la nevera, ya sea en primera fermentación, en segunda fermentación (con la pieza ya formada) o bien en las dos, para fermentaciones larguísimas (o por falta de tiempo, como sucede a menudo en el entorno casero).

Utilización de la nevera en primera fermentación

Tras el amasado, no se suele meter directamente la masa a la nevera, ya que esta podría parar la fermentación, sino que se deja fuera al menos un par de horas (dependiendo de la cantidad de levadura o masa madre que tenga). Una vez en la nevera, la masa crece hasta el momento en que se queda fría por completo. Ahí sucede la magia, ya que la masa no se pasa. Al día siguiente, al sacarla de la nevera estará hinchada, pero le faltará estructura; habrá que formarla con delicadeza y dejarla que vuelva a fermentar para cobrar volumen antes del horneado.

Utilización de la nevera en segunda fermentación

Este esquema es muy cómodo en panadería casera, ya que se amasa, se deja que fermente (dependiendo de la receta, hasta que se note una fermentación evidente) y entonces se forma. Una vez formada la pieza, se mete en la nevera (en caso de tener una nevera muy potente, se puede dejar que fermente un poco una vez formada antes de meterla al frío). Al día siguiente solo quedará cocer el pan, lo que se puede hacer directamente: de la nevera al horno. Esto es comodísimo, ya que se puede dejar el pan en la nevera de víspera y hornearlo nada más llegar del trabajo.

Utilización de la nevera en ambas fermentaciones

En este tercer caso se combinan las dos técnicas anteriores. El primer día se amasa y se fermenta antes de meter la masa en la nevera. El segundo día se saca de la nevera y se deja un tiempo para que pierda frío y vuelva a fermentar un poco antes del formado, y después se mete de nuevo en la nevera. Y el tercer día se hornea; se puede pasar directamente de la nevera al horno.

Entendidos los conceptos básicos, es imprescindible hacer dos o tres pruebas para ver cómo es la nevera que usamos: ¿es muy fría y no deja que los panes se desarrollen? Habrá que fermentarlos más antes de meterlos en la nevera. ¿Es poco fría y los panes se pasan dentro? Habrá que fermentar la masa menos antes de meterla en la nevera, ponerla en la parte más baja (el cajón de las verduras) y tener mucho control de la temperatura de la masa, para que no se pase.

La mayoría de los panes del libro se prestan al uso de la nevera, haciendo una salvedad en el caso del candeal. Se puede hacer usando el frío, pero lo normal es que en las neveras caseras se cree una piel húmeda por condensación y que el resultado no sea exactamente igual al esperado.

Amasado

El amasado tiene por objetivo fundamental desarrollar el gluten de la masa para que mejore sus cualidades plásticas. Tanto la acción mecánica como la incorporación de oxígeno hacen que la masa gane fuerza y estructura, lo cual dará como resultado un desarrollo mayor y un pan más esponjoso.

Hablando con las gentes que han hecho pan en los distintos pueblos, el amasado siempre aparece como un gesto de gran esfuerzo, algo titánico, casi un rito iniciático solo al alcance de manos expertas. No obstante, al visitar distintas casas y obradores se observan infinitas maneras de amasar, por lo que se puede llegar fácilmente a la liberadora conclusión de que no hay una sola manera de hacerlo (no hay una «buena» manera de amasar), sino que casi cualquier gesto es válido. Se puede arrojar, estirar, plegar, cortar, rasgar, desgarrar, enrollar e incluso no hacer ninguna de las anteriores. La idea básica es incorporar algo de trabajo al gluten, lo cual puede hacerse de forma continuada o bien agregando tiempos de reposo entre mínimos momentos de intervención. El reposo entre los microamasados hará que las proteínas del gluten se enlacen y que la estructura se vaya desarrollando sin apenas esfuerzo, de ahí la idea de no amasar. Esta técnica se emplea en muchos panes del libro y permite sacar adelante panes increíbles que, de otra manera, requerirían mucho trabajo. Se puede optar por amasar de corrido o bien a intervalos.

Para trabajar la masa, hay que tener en cuenta unas ideas básicas sobre la propia naturaleza de la masa en cuestión. Si está elaborada con harina muy fuerte, habrá que hidratarla más y probablemente el amasado sea más largo (esto sucede, por ejemplo, con el pan gallego de alta hidratación), mientras que con harinas flojas, integrales o variedades tradicionales, el amasado suele ser mucho más corto, ya que el gluten es más flojo y se llega antes al punto de desarrollo.

¿Cuánto hay que amasar? En muchos manuales y escuelas se transmite la idea de que hay que dar mucho trabajo a la masa, hasta que esta esté perfectamente desarrollada y lisa y que al estirar un trocito se pueda obtener una membrana finísima. Esta es solo una manera de verlo. No es menos cierto que una masa de larga fermentación que va a recibir varios pliegues durante el proceso puede dejarse en un punto de amasado muy anterior (sin llegar a ese desarrollo total). El propio tiempo entre reposos y pliegues acabará de completar el amasado.

El pliegue es la herramienta básica para sacar adelante una masa. Con el pliegue se desarrolla el gluten, se incorpora oxígeno e, introduciendo reposos entre pliegue y pliegue, se consigue un buen desarrollo sin esfuerzo. Simplemente hay que estirar la masa con delicadeza (ayuda tener la mano mojada) y plegarla sobre sí misma, como una vuelta sencilla de hojaldre (fotos 1, 2 y 3). Se gira el bol 90° y se repite la operación, y así cuatro veces en cada dirección y sentido.

Es importante notar cómo el gluten de la masa ofrece un poco de resistencia mientras estiramos. Hay que medir la fuerza con la que se estira y no estirar tan fuerte como para que la masa se rompa, sino hacerlo hasta el punto de conservar la estructura interna e ir fomentando la sensación de cohesión. En el primer pliegue la masa será basta, pero según pasen los reposos, la masa irá desarrollándose.

El amasado a pliegues es especialmente efectivo en masas con una hidratación considerable, ya que la masa será más dúctil y extensible. Los pliegues le darán fuerza y conseguirá estructura. Por el contrario, en masas muy secas es más difícil plegar, por lo que esta idea de las microintervenciones y reposos se puede llevar a cabo dando unos pocos movimientos de amasado e intercalando reposos.

Contra lo que se pueda pensar, desgarrar la masa es positivo para su desarrollo, especialmente en los primeros momentos del amasado, en los que el aporte de oxígeno será muy beneficioso para el desarrollo final de la masa y mejorará el volumen y la estructura del pan. No hay que tener miedo a desgarrar la masa, incluso se puede hacer a propósito para mejorarla (4).

Una técnica muy sencilla para mejorar una masa es rasgarla y cortarla con una rasqueta. Se desliza el borde de la rasqueta desgarrando la pieza hasta cortar un trozo alargado; se vuelve a repetir la operación hasta que se acaba con toda la masa rota en cintas (5). Es buena idea repetir esto cuatro o cinco veces en una masa que está costando amasar, tanto una de bollería como una común. Es una técnica sencilla y efectiva.

Amasado de masas poco hidratadas

Es importante desterrar la idea de añadir harina durante el amasado. Si la masa se pega un poco, intentaremos trabajarla tal como esté y hacer que gane suavidad y deje de pegarse según se desarrolle. Empezamos con la masa como un disco sobre la mesa y la cogemos de la parte más lejana (1).

En un rápido movimiento la traemos hacia la parte más cercana, como si plegáramos la masa para cerrar una empanadilla. Al acabar el pliegue, se puede apretar la masa para sellar los dos bordes y empujarla levemente hacia delante (2). Es esencial hacer el gesto de forma rápida para tensionar la masa, pues de ello dependerá que después se pueda amasar sobre la mesa sin pegarse.

Para completar el gesto y desarrollar el gluten, se aprieta con la almohadilla de la mano con suavidad y se hace rodar la masa sobre la mesa (3). La fuerza necesaria es mucho menor de lo que se suele pensar y poco más de lo que haría falta para hacer rodar un rotulador o una botella de vidrio vacía. No hay por qué apretar hacia abajo con gran fuerza, ya que esto además puede contribuir a que la masa se pegue a la mano.

Para acabar el gesto, se desliza la masa hacia delante haciéndola rodar hasta que la almohadilla de la mano termine de completar el giro; la idea esencial es que se está acariciando la masa, no apretando. No es necesario emplearse con fuerza, ni siquiera amasando masas grandes. En ese caso, simplemente utilizaremos las dos manos para hacer rodar la masa, pero la fuerza aplicada será en realidad muy similar.

Una vez que la masa ha rodado por la mesa y se ha estirado un poco (4), usamos la mano contraria para girarla un cuarto de vuelta y dejarla lista para el siguiente gesto (5). En este sentido, la mano diestra trabaja como si fuera el brazo de la amasadora, mientras la otra mano va girando la masa 90° tras acabar cada gesto. Una vez entendido el gesto, se puede hacer de forma rápida y cómoda, y con mucho menos esfuerzo del que pueda parecer. Es una mera cuestión de técnica.

Amasado de masas hidratadas (amasado francés)

Para amasar masas muy hidratadas, hay que perder el miedo a la masa y actuar con una mezcla de firmeza en el gesto y suavidad en el tacto. No hay que apretar la masa en exceso. Una manera sencilla es usar las manos como si fueran palas, apretando los cuatro dedos largos y oponiendo el pulgar, como si se fuera a sostener un libro. Se meten las manos por debajo de la masa hasta que se toquen las puntas de los dedos con los de la otra mano. Los pulgares se depositan sobre la masa, un poco por encima de la mitad, pero sin apretarla (1).

Con un gesto firme y rápido, se levanta la masa de la mesa (2). Es esencial realizarlo con decisión y llevarse toda la masa de un movimiento, pero con cuidado de no romperla. Se trata de levantarla de la mesa y sostenerla como quien sostiene a un bebé por las axilas, dejando colgar por debajo dos tercios de la masa, que permitirán que la masa se adhiera a la mesa en el siguiente gesto.

A continuación, con un gesto decidido, se golpea la masa contra la mesa, intentando que la masa «aterrice» no con un movimiento vertical (aterrizaje de helicóptero), sino con uno oblicuo (aterrizaje de avión), hacia abajo y trayendo la masa hacia uno mismo, de manera que esta se adhiera a la mesa. El movimiento se acaba tras estirar la masa unos centímetros hacia arriba (siempre notando que tiene nervio, sin estirar tanto como para romperla) y levantándola un poco en preparación para el pliegue final (3).

Para completar el gesto, se pliega la masa hacia delante, de manera que se gane en tensión y que además se incorpore oxígeno (4). Este gesto puede hacer que acabemos completamente pringados de masa, por lo que es importante pensar que estamos lanzando la masa, arrojándola lejos de nosotros como quien quiere quitarse un trozo de cinta adhesiva que tenemos pegada a las puntas de los dedos. Hay que liberar la masa con velocidad y energía para despegarnos de ella.

Una vez acabado el pliegue, la masa estará tensa. En definitiva, es el mismo gesto de pliegue sencillo que hemos visto ejecutado anteriormente con una sola mano dentro del bol. Para continuar amasando, giraremos levemente el torso y cogeremos la masa a 90° respecto al movimiento inicial (5), como si fuéramos la cubeta de una amasadora que va girando.

Refinado

El pan candeal, sobado o bregado es una de las señas de identidad de la panadería española tradicional. Pocas masas tienen su extensión geográfica y una variedad tan grande de formatos, tanto en tamaño (desde los minúsculos picos hasta las grandes hogazas redondas) como en formas y sabores (desde panes decorativos, rituales, hasta las masas enriquecidas con grasas y aromáticos). Lo que define al candeal, además de estar elaborado con trigos de fina harina blanca (que le dan su nombre; *candeal* significa «blanco»), es el proceso de refinado de la masa. Este consiste en plegarla y pasarla a rodillo para condicionar la estructura de la miga, haciendo que el gluten se desarrolle, pero evitando que se puedan formar grandes alveolos (si esto sucede, se dice que el pan se ha picado).

Si tu familia es de algún pueblo de una de las dos Castillas, de Andalucía o de Extremadura, o de muchas otras zonas del país, no sería raro que en casa de tus abuelos aún se conservase el artilugio que se ha usado durante generaciones: la brega, también llamada briega, breguil, torno, sobadora, refinadora, etc. Suele consistir en una estructura con dos cilindros accionados con una manivela. En otros países donde se elabora pan bregado, como Italia o Francia, la brega suele tener la forma de un batán (un palo que cae y aplasta la masa).

Las panaderías cuentan con modernas refinadoras de gran potencia que pueden aplastar una masa sequísima y elaborada con harinas bastante fuertes. Para el común de los mortales, esta combinación es prácticamente imposible de trabajar en casa sin ganarse una tendinitis. Cuando se habla con personas mayores que han refinado, uno llega a la conclusión de que antes las harinas eran más flojas y, en la elaboración manual, no se hidrataba tan poco. Esta es una lección esencial en casa. Para facilitar el trabajo es muy interesante empezar a hacer candeal con harinas más flojas, a veces las variedades tradicionales dan un buen resultado, e hidratar de forma razonable. Muchas veces una masa imposible de refinar (por tenaz) se deja trabajar simplemente añadiéndole un poco más de agua.

Para facilitar el trabajo se pueden usar técnicas alternativas. Por un lado, se puede usar la autolisis: mezcla previa de la harina y el agua de la receta (sin sal ni levadura) que se deja reposar unos minutos. Después, al añadir el resto de los ingredientes, la masa se refinará en un periquete. También se puede optar por el contrafresado: amasar una masa común de hidratación intermedia, desarrollando muy bien el gluten, y al final añadir más harina para secar la masa. En ambos casos la labor de refinado se reduce al mínimo, como muestran varias recetas del libro.

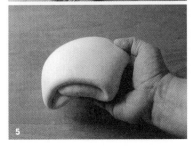

Para refinar vale cualquier superficie lisa, pero haz pruebas, ya que algunas permiten que la masa se estire más fácilmente. Sobre mármol o granito suele ser más sencillo que sobre madera, ya que la masa tiende a pegarse más a la madera (por ser porosa). Usa un rodillo liso, sin imperfecciones. Personalmente me gustan los rodillos un poco grandes, ya que simplifican la tarea. Los hay con rodamientos, pero pueden romperse si se ejerce mucha presión. Para comenzar, pon la masa sobre la mesa sin harina.

Estira la masa de forma gradual, sin prisa, hasta que mida cerca de 1 cm de grosor. Puedes empezar desde el centro hacia arriba (1), dando un par de pasadas. Gira la masa 180° y repite el movimiento (2). De este modo, la fuerza ejercida será homogénea, ya que normalmente la fuerza de estirar la masa hacia delante es distinta de la que podemos ejercer al hacerlo hacia nuestro cuerpo.

Si la masa se resiste, hay que reflexionar si es por un error en la elección de la harina (excesiva fuerza) o por falta de agua. Se puede dar un pequeño reposo para facilitar el trabajo, pero mejor poner las condiciones desde un inicio. Una vez estirada la masa, pliégala con una vuelta sencilla de hojaldre (3). Imagina que la masa se divide en tres partes iguales, primero un tercio hacia dentro y después el lado exterior solapado encima, intentando no atrapar burbujas de aire.

Gira la masa 90° y vuelve a estirarla hasta que mida aproximadamente 1 cm de grosor (4). Según se vaya estirando, la masa cada vez estará más sedosa y dúctil, perdiendo toda granulosidad o posibles quiebros en los bordes. Una señal típica que se usa en los obradores consiste en «escuchar» a la masa, ya que cuando está lista a menudo suenan pequeñas burbujitas que estallan haciendo un ruido característico.

Una vez refinada, la masa será fácil de doblar y parecerá más hidratada que al principio (5). Es difícil indicar un número preciso de pliegues, ya que dependerá mucho de la fuerza de la harina, la cantidad de agua de la masa y la fuerza y destreza al refinar. Las recetas indican un número aproximado, y tras unos panes de práctica se adquiere el punto de la masa. Como norma general, una harina más fuerte será más tenaz y difícil de trabajar (necesitará más agua y también más fuerza con el rodillo), mientras que una más floja resultará más fácil de trabajar, aunque puede perder un poquito en volumen. Hay que hallar el equilibrio que satisfaga a cada uno.

Manipulación y formado

Durante la fermentación, la masa se va hinchando por la acción de las levaduras y, al mismo tiempo, el gluten se va relajando mientras gana volumen. Por este motivo es habitual manipular la masa en algún momento del proceso de fermentación. Ya sea a mitad del proceso, para que la masa se recupere, o bien al final, justo antes del horneado, para darle una forma determinada.

En el libro encontrarás recetas con formados de lo más variado, desde clásicos como la barra o la hogaza redonda hasta panes formados con el antebrazo, los codos, etc. Esta riqueza es una de las características de la panadería tradicional y en muchos casos es muy difícil de reproducir en una línea de producción automática, motivo por el cual algunos de los panes del libro se puede decir que están en peligro de extinción.

Para masas de larga fermentación es habitual manipular la masa a mitad de la fermentación para darle un poco de estructura. Esto puede hacerse mediante un pliegue (como el que hemos visto en el capítulo de amasado) o un ligero boleado. Para ello, simplemente se forma una bola con la masa para retensionar el gluten, que se ha ido aflojando durante la fermentación. Dependiendo de lo que se quiera conseguir, se puede aplicar más o menos tensión al bolear. Si solamente se quiere dar un poco de estructura pero no queda mucho para el horneado (o bien habrá más intervenciones en la masa), el boleado será muy suave. Por el contrario, si se quiere dejar la masa fermentando mucho tiempo, se puede aplicar un poco más de tensión para que esta aguante todo el tiempo que le falta antes de entrar al horno.

El sencillo gesto del boleado tiene una importancia decisiva no solo en la estructura exterior de la masa, sino también en la estructura de la miga, ya que el trabajo de amasado y fermentación para crear una miga abierta e irregular se puede ir al garete por un boleado demasiado violento (esto sucede a menudo en los primeros panes por un exceso de ímpetu). Para obtener migas abiertas, el boleado intentará respetar la estructura interior, sin aplastar la masa en exceso. En cambio, para panes de miga más homogénea o compacta (el candeal es el ejemplo clásico), el boleado tendrá que ser enérgico a fin de evitar posibles burbujas de aire que puedan haberse formado accidentalmente en la miga. En muchas piezas de bollería se busca esponjosidad, pero no una alveolatura muy irregular.

En ocasiones, de lo que se trata es de preparar la masa antes del formado final. En este caso hay que tener en la cabeza la idea de que es un preformado, no la manipulación final. La fuerza será la mínima posible, ya que lo que hay que hacer es ordenar someramente el gluten y que el formado final sea más sencillo. A veces un mínimo formado previo es la clave de una gran estructura final. Aquí los dos puntos en los que habrá que concentrarse son: ejecutarlo con mucha suavidad y dejar un buen reposo intermedio. Durante este periodo de reposo intermedio (a veces se llama «reposo en mesa»), la masa vuelve a su ser, se relaja y se gasifica, creando las condiciones ideales para la forma final. No hay que tener prisa entre el preformado y el formado final.

Una idea muy extendida es que hay que tener la mesa completamente llena de harina para manipular las masas, y esto es solamente cierto si la masa es muy húmeda (como el pan gallego), mientras que para masas más secas se manipula con muy poca harina o sin harina... o incluso de otras maneras. Para bollería es muy común manipular la masa con aceite. Se untan las manos y la mesa muy ligeramente, y eso evita que la masa se pegue, además de no introducir harina en el acabado, lo cual afearía el resultado final.

Un caso especial lo constituye la manipulación del pan candeal, en la que hay que emplearse con fuerza, ya que a veces la masa se resiste a cohesionarse y deja grandes grietas, que se abrirán en el horno. Hay que insistir aplicando presión para que la masa se funda. Una técnica para que las muñecas no sufran tanto consiste en usar una mesa un poco más baja y traer la masa muy cerca del cuerpo, de manera que podamos descargar el peso del cuerpo sobre la masa y no hacer tanta fuerza con los brazos, los codos o las muñecas.

En el caso de la manipulación de masas de candeal, lo que curiosamente conviene tener a mano no es harina, sino un vaporizador de agua, ya que si el ambiente es muy seco (sea por clima o por aire acondicionado), la masa patinará e incluso correremos el riesgo de que coja piel anticipadamente.

Boleado

Para el boleado vale cualquier superficie lisa. En las panaderías se usa madera, ya que su superficie porosa ayuda a que la masa tenga buena adherencia, pero en casa valdrá la encimera de tu cocina. Hay que emplear la cantidad de harina mínima necesaria para que el pan no se adhiera. Para panes muy hidratados, mucha; para panes secos, poca o nada. Para el pan candeal no se usa o bien se usa un vaporizador para humedecer las manos por si la masa patina.

Partiendo de una masa ya cortada y relajada, se traen hacia el centro los extremos, con delicadeza, como formando un hatillo con la masa (1). Es muy importante fijarse en cuál es el lado de la masa en contacto con la mesa, ya que esa será la parte bonita del pan, la superior, mientras que la parte donde se cierra el hatillo será la base, salvo en panes que se horneen al revés, como el pa de pagès catalán, por ejemplo.

Una vez formado el hatillo con la masa, se le da la vuelta y se arrastra girándolo e intentando buscar un poco de adherencia de la base con la mesa (2). Para eso ayuda usar las manos en posición oblicua, para dar tensión a la masa (3). No se trata de girar la masa por girar, sino de incorporar tensión en un movimiento de pivote sobre ese punto de unión. La fuerza ha de aplicarse siempre con mesura para no desgarrar la masa ni destruir la delicada estructura de la miga que la masa encierra en su interior.

Para bolear masas pequeñas, la idea es la misma, pero en este caso se emplea solamente una mano. Se pliega la masa definiendo el lado liso y el lado del pliegue, como antes (4). Se coloca el lado del pliegue abajo. Con los dedos de la mano pegados, se forma una especie de jaula o bóveda sobre la bola, de manera que todo el canto de la mano quede todo el rato en contacto con la mesa, de la punta del meñique a la punta del pulgar (5).

Entonces se gira la masa en un movimiento en espiral, sin miedo, haciéndola girar rápidamente mientras se adhiere levemente a la mesa para conseguir darle tensión. Es importante practicar un par de veces hasta que adquiera la tensión necesaria; hay que fijarse en que si se hace demasiada fuerza, la masa acabará desgarrándose, pero si se hace poca, no cogerá tensión.

Formado de barras

Partiendo de una masa boleada y relajada, o bien de una masa ya preformada en cilindro, trabajaremos con la mínima harina necesaria (1). Es decir, para una masa de barra muy hidratada de estilo gallego, hará falta bastante harina, mientras que para una masa más densa hará falta muy poca o para una barra de candeal sencillamente no hará falta.

La idea principal es ir enrollando la masa e introducir tensión al hacerlo. Para una barra de candeal, cada vez que enrollemos una pequeña parte, sellaremos con fuerza para expulsar cualquier burbuja, mientras que para una barra de alta hidratación apenas plegaremos y sellaremos lo mínimo, sin aplastar la masa. En un primer movimiento, enrollamos aproximadamente un tercio de la masa y sellamos dando tensión (2).

Según enrollamos la barra, la parte más alejada de nosotros va ganando tensión. En la mesa, es esencial tener cuidado con la harina y evitar que se cuele en el interior de la masa, ya que dificultaría el sellado, podría hacer que la masa se abriera por donde no debe o, peor todavía, podríamos acabar con una veta de harina cruda dentro del pan cocido. En un segundo movimiento, traemos la masa desde la parte lejana hacia nosotros y concluimos el movimiento sellando con los pulgares (3).

En un tercer movimiento, acabamos de traer la parte más lejana hacia nosotros y terminamos de enrollar la masa como si fuera una empanadilla gigante y alargada (4). La parte más alejada de nosotros deberá ser una panza con tensión (dependiendo del tipo de pan, será más o menos tenaz), mientras que la parte que tenemos cerca tendrá el sellado. Se puede sellar apretando con los pulgares o con la base de la palma o bien dando golpes con el canto de la mano (e incluso apretando con las puntas de los dedos si no se está seguro de haberlo hecho bien).

Una vez formada la barra, hay que estirarla hasta la longitud deseada, que en algunos casos puede ser considerable (si estamos haciendo cabos para trenzas, por ejemplo). Aquí es esencial entender que no se puede forzar la masa. Si al intentarlo la masa se encoge, es señal de que tiene demasiada tensión y habrá que dejarla relajarse al menos diez minutos antes de volver a intentarlo. El movimiento es de hacer rodar la masa por la mesa, hacia delante y hacia atrás, mientras apretamos hacia los extremos, estirándola (5).

Horneado

El horneado es el último punto del proceso (si no contamos el reposo que han de tener los panes de masa madre o algunos panes de cereales especiales, como el maíz o el centeno, para que su miga y sus sabores maduren). Dependiendo del tamaño y el estilo de la pieza, el horneado puede ser un momento breve o durar varias horas (las recetas lo indicarán), pero en casi todos los casos puede marcar la diferencia entre un gran pan y un desastre. Por decirlo de manera sencilla: un buen proceso puede echarse a perder por un mal horneado (incluso habiendo hecho correctamente los demás pasos: amasado, fermentación, formado, etc.).

Los distintos panes tienen diferentes necesidades en el horno, tanto de temperatura como de humedad; incluso hay algunos (como el pan al estilo de Cea) que requieren de manipulación dentro del horno. No obstante, los hornos de casa no se idearon para cocer pan, sino más bien para hacer asados y gratinados. Normalmente tienden a repartir el calor de una manera no muy regular y suelen secar mucho el ambiente. Esto último puede ser un grave impedimento para el desarrollo del pan en el horno.

En muchos casos hay que concentrarse en crear humedad y evitar que el pan se seque mientras crece (aparece indicado en las recetas). Tanto el ventilador del horno como la resistencia superior (grill) pueden hacer que la corteza se «fragüe» antes de tiempo y que el pan no alcance su volumen máximo. Por ese motivo, con panes de hidratación media y alta es buena idea no usar nunca el ventilador y (si se puede) apagar la resistencia superior durante los primeros momentos del horneado. Estos instantes son los cruciales, ya que es cuando la pieza crece. Hay algunos hornos que permiten un desarrollo correcto incluso con el grill y el ventilador encendido, pero suelen ser la minoría. Intenta seguir las indicaciones de las recetas para que el pan pueda crecer.

El pan candeal (sobado o bregado) es un poco especial, ya que con frecuencia necesita un horno seco. Como la masa es tan dura, tiene mucha fuerza y es capaz de estallar incluso en un horno muy seco, mientras que una vez que la corteza de una masa más húmeda se queda seca a veces no puede crecer más. Por ese motivo es interesante cocer el pan candeal con el horno sin vapor.

Una idea muy sencilla para crear vapor consiste en colocar dos bandejas metálicas dentro del horno mientras este se calienta (actualmente, muchos hornos vienen de serie con dos bandejas gemelas). Una bandeja se dispone sobre la base del horno y la otra en una posición intermedia o baja. Al comienzo de la cocción, se vierte agua en la bandeja inferior y se deja el pan en la superior. Al echar el agua, se creará una gran cantidad de vapor que permitirá a la pieza desarrollarse. Una vez que el pan ha alcanzado su máximo volumen, se retira la bandeja inferior y se continúa la cocción, ya sin vapor, con las dos resistencias (arriba y abajo), según lo que indiquen las recetas.

La altura a la que hay que colocar la bandeja donde se cuece el pan dependerá del horno, y es tan fácil de averiguar como cocer un pan, cortar una rebanada y observar el grosor de la corteza. Si la altura es la adecuada, el grosor será homogéneo en todo el perímetro. Si la parte inferior es más gruesa y oscura, hay que poner la bandeja en una posición inferior, y viceversa.

El punto de cocción del pan viene determinado por el estilo o familia al que pertenezca, si ha de tener una corteza gruesa o fina, mucho o poco color, etc. Un pan está cocido y es digerible muchísimo antes de que se forme una corteza dorada, por lo que la indicación de golpear con los nudillos en la base solo sirve, en realidad, para sabe cómo está la corteza, no si el pan está cocido o no. Dependiendo del gusto, se puede alargar la cocción para conseguir más corteza o acortarla un poco para disminuir su grosor.

En zonas húmedas es normal darle al pan un tiempo extra de horneado para conseguir una corteza que permanezca crujiente durante más tiempo. En piezas grandes, se puede prolongar la cocción 10 o 15 minutos (o más) sin ningún problema; el pan no se secará (con piezas pequeñas hay que tener más cuidado).

Para conseguir una bollería esponjosa y de corteza delicada en los hornos profesionales, basta con cerrar el tiro (la válvula que hace que la cámara de cocción permanezca hermética); el propio vapor de la pieza será suficiente. Los hornos caseros suelen secar bastante, por lo que es buena idea que haya un poco de vapor durante la cocción, que se puede dejar incluso durante toda la duración del horneado.

Hogazas

«Hogaza» es una de las palabras que más hacen volar nuestra imaginación. Hogaza; si uno cierra los ojos puede oler el profundo aroma de la buena fermentación. Al escuchar esta mágica palabra se siente el crujido de la corteza al paso del cuchillo. Son los atributos de lo que recibe el milenario nombre de «pan». En este capítulo se presentan panes de trigo, en su mayoría blancos, hechos con masas de hidratación media y alta, intentando ofrecer un gran abanico de recetas y técnicas que faciliten acercarse a estos clásicos. Hay versiones sin amasado, con levadura, con masa madre y algunas un poco más exigentes en formado o manipulación. Panes de miga esponjosa venidos de las cuatro esquinas del país.

Hogaza, sin amasado

Castilla y León

Una gran hogaza de casi dos kilos es la pieza icónica de la panadería tradicional de pueblo para mucha gente de lugares tan dispares como León o Granada. Este gran pan con corteza dorada y aromática y una miga cremosa y jugosa invita a untar sin parar o a disfrutarlo con quesos y embutidos. Para hacer muy asequible este pan, he optado por evitar el amasado y sustituirlo por unos sencillos pliegues (consulta el capítulo de amasado). Emplea al menos la mitad de harina molida a la piedra para darle más sabor.

Ingredientes

Masa madre
(de la noche anterior)

200 g de harina panificable

200 g de agua

0,2 g de levadura fresca
  (equivalente a una lenteja)

Masa final

400 g de masa madre

500 g de harina panificable
  (W180)

500 g de harina clara molida a la
  piedra (T65-T80)

620-650 g de agua

20 g de sal

Método

Preparar la masa madre la noche anterior y fermentarla al menos 12 horas por encima de 20 °C (lo ideal es cerca de 25 °C).

Al día siguiente, mezclar todos los ingredientes. Quedará una masa ligeramente pegajosa (1). Nada más mezclarla, dejarla descansar 10 o 15 minutos en el bol tapado. Tras ese tiempo, la masa estará más cohesionada y no se pegará tanto.

Amasar a pliegues (2): dar tres o cuatro pliegues separados cada uno por 20 o 30 minutos de reposo. Tras el último pliegue (3), fermentar entre 2 y 3 horas (se puede amasar de corrido o bien con amasadora; en ese caso, hay que sumar al tiempo de fermentación la hora u hora y media que hubiera estado fermentando entre pliegues).

La masa estará hinchada y delicada; bolear suavemente sobre la mesa bien enharinada (4) y colocar la masa dentro de un bol forrado con un trapo bien enharinado, de forma que quede la base mirando hacia arriba y la parte lisa en contacto con la tela.

Fermentar de 3 horas a 3 horas y 30 minutos (5), y volcar la pieza sobre una hoja de papel de hornear. Darle cuatro cortes en forma de rectángulo (6).

Cocer con el horno a 250 °C, calor solo abajo, con una bandeja metálica en la base del horno; echar 400 ml de agua caliente en la bandeja al comenzar la cocción. Tras 25 minutos, retirar la bandeja con agua y continuar otros 70 minutos a 200 °C, hasta completar 1 hora y 45 minutos de cocción total.

Dejar reposar en una rejilla hasta que se enfríe por completo.

---

1 Punto de humedad de la masa tras el mezclado. | 2 Amasar a pliegues, estirando y plegando. | 3 Tras 3 o 4 pliegues, la masa estará fina y con fuerza. | 4 Bolear delicadamente sobre una superficie enharinada. | 5 Masa ya fermentada y lista para el horno. | 6 Cortar con una cuchilla o bien con un cuchillo de sierra. | 7 Miga de la hogaza.

Masa madre
(de la noche anterior)

200 g de harina integral de trigo

100 g de agua

10 g de masa madre de cultivo

Masa final

310 g de masa madre

600 g harina panificable (W180)

425-450 g de agua

12 g de sal

Pan de caserío

Euskadi

Un pan de corteza contundente y miga algo densa y jugosa que se mantiene fresco mucho tiempo. Al usar harina integral y fermentar solo con masa madre de cultivo, es un pan de un gusto más profundo y acentuado, además de con una textura algo más húmeda en la miga. Como es poco probable que tengas un horno de leña en casa, intenta imitar la corteza prescindiendo del vapor en la cocción pero pincelando la pieza con agua antes de enhornarlo.

Método

Preparar la masa madre la noche anterior y fermentarla al menos 12 horas por encima de 20 °C (lo ideal es cerca de 25 °C).

Al día siguiente, mezclar todos los ingredientes. Quedará una masa un poco pegajosa al comienzo (1). Nada más mezclarla, dejarla descansar 10 o 15 minutos en el bol tapado. Tras ese tiempo, la masa estará más cohesionada y no se pegará tanto.

Amasar sobre la mesa, plegándola y haciéndola rodar durante unos 5 minutos, hasta que quede lista (2); puedes consultar el capítulo de técnicas de amasado.

Fermentar de 1 a 2 horas. Pasado ese tiempo, bolear dándole buena tensión (3) hasta que quede una bola perfectamente redonda y tensa (4). Colocar la masa dentro de un bol forrado con un trapo enharinado, de forma que quede la base mirando hacia arriba y la parte lisa en contacto con la tela (5).

Fermentar cerca de 3 horas y volcar la pieza sobre una hoja de papel de hornear. Pincelar con agua toda la superficie y darle cuatro cortes en forma de rectángulo, y después hacer una cruz en el centro (6).

Cocer con el horno calentado a tope (250–275 °C), calor arriba y abajo, sin vapor. En cuanto entre la pieza al horno, bajar a 210 °C y cocer 1 hora.

Dejar reposar en una rejilla hasta que se enfríe por completo.

---

1 Punto de humedad de la masa tras el mezclado. | **2** Amasar sobre la mesa. | **3** Recoger la masa para darle tensión. | **4** Bolear hasta que esté lista y tenga fuerza. | **5** Fermentar con el sellado hacia arriba en un bol forrado con una tela enharinada. | **6** Pincelar con agua y cortar con una cuchilla o bien con un cuchillo de sierra. | **7** Miga del pan de caserío.

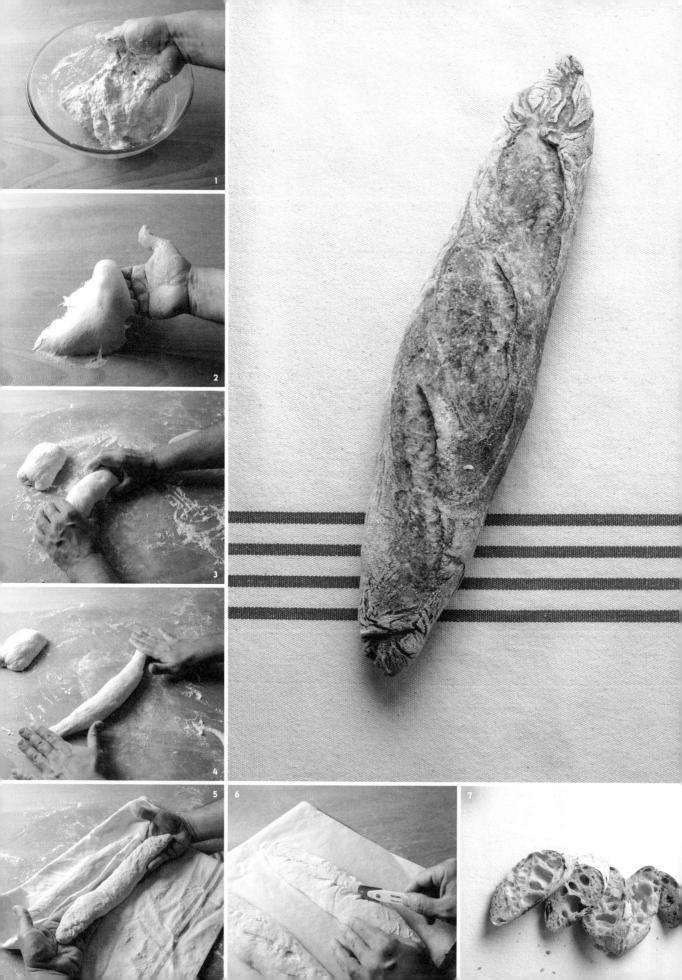

Barra artesana

Galicia

Uno de los panes más imitados de toda España y también uno de los nombres más vilipendiados, por desgracia. «Barra gallega» es un término sobado y, sin embargo, un mordisco a una barra artesana, con su corteza poderosa y su miga alveolada y húmeda, reconcilia con esta gran especialidad. Se trata de una masa con bastante hidratación y su formado requiere algo de práctica, por lo que es un pan para repetir un par de veces hasta que salga como quieres.

Masa madre

(de la noche anterior)

100 g de harina panificable

60 g de agua

5 g de masa madre de cultivo

Masa final

165 g de masa madre

250 g de harina de fuerza (W300)

50 g de harina integral de trigo o harina molida a la piedra

285 g de agua

8 g de sal

0,5 g de levadura (aproximadamente medio garbanzo)

Método

Preparar la masa madre la noche anterior y fermentarla al menos 12 horas por encima de 20 °C (lo ideal es cerca de 25 °C).

Al día siguiente, mezclar todos los ingredientes. Quedará una masa bastante pegajosa (1). Nada más mezclarla, dejarla descansar 10 o 15 minutos en el bol tapado. Tras ese tiempo, la masa estará más cohesionada y no se pegará tanto.

Amasar durante 5 o 10 minutos empleando el amasado francés hasta que la masa esté fina (2). Si no te apetece amasar, puedes emplear el sistema de pliegues y reposos del capítulo de técnicas.

Fermentar durante 2 horas y 30 minutos o 3 horas (haciendo un pliegue al cabo de una hora), dividir en dos piezas iguales. Darles un poco de tensión en forma de cilindro (3). Esperar 20 minutos y formar barras de unos 40 cm de largo (4).

Pasarlas a una tela enharinada y plegarla de manera que una barra dé soporte a la otra (5); se pueden enrollar los lados de la tela para crear un tope en cada lado.

Fermentar aproximadamente 1 hora y pasar a una hoja de papel de hornear.

Con la cuchilla inclinada al bies (casi hasta ponerla horizontal respecto a la superficie de la masa), dar dos o tres cortes. Los cortes irán con unos 5 o 10° de inclinación sobre el eje longitudinal de la pieza (6).

Cocer con el horno a 250 °C, calor solo abajo, con una bandeja metálica en la base del horno; echar 200 ml de agua caliente en la bandeja al comenzar la cocción. Tras 10 minutos, retirar la bandeja con agua y continuar otros 35 minutos a 210 °C, calor arriba y abajo, hasta tener un bonito dorado.

Dejar enfriar en una rejilla.

---

1 Punto de humedad de la masa tras el mezclado. | **2** Punto de la masa tras el amasado. | **3** Formado previo en cilindro para dar tensión. | **4** Estirado final de la barra. | **5** Colocar las barras en una tela enharinada y plegada. | **6** Cortes oblicuos y con la cuchilla al bies. | **7** Miga de la barra.

Ingredientes

Masa madre
(de la noche anterior)

100 g de harina panificable

100 g de agua

5 g de masa madre de cultivo

Masa final

205 g de masa madre

200 g de harina de fuerza (W300)

200 g de harina del país molida a la piedra (harina clara)

400-430 g de agua

10 g de sal

Rosca, sin amasado

Galicia

Las roscas suelen ocupar un lugar muy especial en la memoria gustativa de quienes las probaron. A diferencia de la hogaza o el bollo, la rosca tiene una gran superficie de corteza, gracias a su agujero, y hay algo de sencilla exquisitez en ir sacando rebanadas (¡o pellizcos!) llenas de corteza. Es un pan con bastante hidratación y miga húmeda de grandes alveolos que requiere de un gesto firme y seguro.

Método

Preparar la masa madre la noche anterior y fermentarla al menos 12 horas por encima de 20 °C (lo ideal es cerca de 25 °C).

Al día siguiente, mezclar todos los ingredientes. Quedará una masa bastante pegajosa (1). Nada más mezclarla, dejarla descansar 10 o 15 minutos en el bol tapado.

Amasar a pliegues; dar 4 o 5 pliegues separados cada uno por 20 o 30 minutos de reposo. Tras el último pliegue, fermentar de 2 horas y 30 minutos a 3 horas aproximadamente (puedes amasar de corrido o con amasadora; en ese caso, suma el tiempo de fermentación que hubiera habido entre pliegues).

Enharinar bien la mesa y hacer un hatillo con la masa muy delicadamente (2). Tras 20 minutos, volver a hacer un hatillo, esta vez con un poco más de tensión, pero siempre sin desgasificar.

Colocar la bola de masa sobre una tela muy enharinada (3). Dejarla reposar de 30 a 40 minutos y hacer el agujero (4). Con un gesto rápido, meter los dedos índice y corazón de cada mano en el centro de la bola y, llegando hasta el fondo, tirar de forma suave pero decidida ensanchando el agujero. Transferirla a una hoja de papel de hornear (5) y darle cuatro o cinco cortes superficiales (6).

Cocer con el horno a 250 °C, calor arriba y abajo, con una bandeja metálica en la base del horno: echar 200 ml de agua caliente en la bandeja al comenzar la cocción. Tras 10 minutos, retirar la bandeja con agua y continuar otros 50 minutos a 210 °C, hasta completar 1 hora de cocción total. Se puede cocer otros 10 minutos en zonas muy húmedas o para tener más corteza.

Dejar reposar en una rejilla hasta que se enfríe por completo.

---

1 Punto de humedad de la masa tras el mezclado. | 2 Bolear muy suavemente, como plegar un delicado pañuelo, dando tensión sin desgasificar. | 3 Colocar la masa sobre una tela bien enharinada. | 4 Hacer el agujero con un gesto decidido. | 5 Transferir la masa a un papel de hornear. | 6 Dar los cortes con una cuchilla o cuchillo de sierra. | 7 Miga de la rosca.

Masa madre
(de la noche anterior)

50 g de harina panificable

50 g de agua

0,5 g de levadura fresca (aproximadamente medio garbanzo)

Masa final

100 g de masa madre

200 g de harina de fuerza (W300)

50 g de harina del país molida a la piedra (harina clara)

50 g de harina blanca de centeno

240-260 g de agua

6 g de sal

Bolla, sin amasado

Galicia

La bolla suele ser el primer pan en entrar al horno, una pieza de cocción más rápida y miga muy jugosa. En esta versión respeto el pequeño agujero que se suele realizar en algunos obradores y la necesaria abundancia en harina para la manipulación al bajar la bolla. Para no sufrir en la elaboración, he optado por prescindir del amasado y propongo una mezcla de harinas con parte de harina del país molida a la piedra y un poco de centeno.

Método

Preparar la masa madre la noche anterior y fermentarla al menos 12 horas por encima de 20 °C (lo ideal es cerca de 25 °C).

Al día siguiente, mezclar todos los ingredientes. Quedará una masa bastante pegajosa (1). Nada más mezclarla, dejarla descansar 10 o 15 minutos en el bol tapado.

Amasar a pliegues; dar 4 o 5 pliegues separados cada uno por 20 o 30 minutos de reposo. Tras el último pliegue, la masa estará suave y tendrá más fuerza (2); dejar fermentar durante 2 horas y 30 minutos o 3 horas aproximadamente.

Enharinar bien la mesa y hacer un hatillo a modo de boleo (3) intentando dar un poco de tensión. Acabar el boleado sobre la mesa sin desgasificar, pero consiguiendo transmitir fuerza (4).

Enharinar mucho la mesa para evitar que la masa se pegue y dejar que la masa repose allí unos 40 o 45 minutos.

Con la punta de los dedos, «bajar» la bolla haciendo presión y creando una estructura de agujeros (pero sin desgarrar ni atravesar la masa) (5).

Finalmente, hacer un pequeño agujero en el centro y echar un poco de harina para que no se pegue ni se cierre (6).

Cocer con el horno a 250 °C (o más, si se puede), calor arriba y abajo, con una bandeja metálica en la base del horno; echar 200 ml de agua caliente en la bandeja al comenzar la cocción. Tras 10 minutos, retirar la bandeja con agua y continuar otros 40 o 45 minutos a 230 °C, hasta completar 50 o 55 minutos de cocción total. Se puede cocer otros 10 minutos en zonas muy húmedas o para tener más corteza.

Dejar reposar en una rejilla hasta que se enfríe por completo.

---

1 Punto de humedad de la masa tras el mezclado. | **2** Textura de la masa tras el último pliegue. | **3** Hacer un hatillo con delicadeza, sin desgasificar. | **4** Bolear suavemente, pero dando tensión. | **5** Bajar la bolla para crear una estructura irregular; se recuperará en el horno. | **6** Abrir un agujero en el centro. | **7** Miga de la bolla.

Ingredientes

Masa madre
(de la noche anterior)

150 g de harina del país molida a la piedra (harina clara molida a la piedra)

75 g de agua

5 g de masa madre de cultivo

Masa final

230 g de masa madre

320 g de harina de fuerza (W300)

50 g de harina panificable (W180)

385-400 g de agua

8 g de sal

1 g de levadura (un garbanzo)

Mollete gallego, sin amasado

Galicia

La imagen de un molete con su moño o pirucho es una de las más clásicas de la panadería gallega. Hacer una pieza de tanta hidratación y harina de fuerza sin usar la amasadora puede resultar un reto; para conseguirlo incorporamos una autolisis (mezcla previa de harina y agua) de una hora. Como con muchos panes clásicos, dominar el formado requiere de práctica, pero es fascinante y divertido.

Método

Preparar la masa madre la noche anterior y fermentarla al menos 12 horas por encima de 20 °C (lo ideal es cerca de 25 °C).

Al día siguiente, mezclar solamente las harinas y el agua de la masa final y dejar reposar durante 1 hora. Después, añadir el resto de los ingredientes; quedará una masa bastante pegajosa (1). Nada más mezclarla, dejarla descansar 10 o 15 minutos en el bol tapado. Tras ese tiempo, amasar a pliegues; dar cinco pliegues separados cada uno por 20-30 minutos de reposo (2). Fermentar durante 1 hora y 30 minutos aproximadamente. Si a la masa le falta fuerza, dar otro pliegue más a mitad de fermentación.

Enharinar la mesa bien y hacer un hatillo con la masa de manera rápida pero delicada (3), estirando y plegando la parte exterior hacia el centro. Acabar el boleado sobre la mesa sin desgasificar, pero dando fuerza a la bola. Dejar que se relaje unos 20 o 30 minutos.

Enharinar mucho la mesa y colocar allí la pieza; con un gesto firme, agarrar la parte superior de la masa para crear el moño (4). Tirar hacia arriba dejando que caiga ligeramente la pieza y, con la otra mano, rotar suavemente la parte inferior, estrangulando el moño (5). Sobre la mesa, acabar clavando el moño incidiendo con las puntas de los dedos hasta que el moño quede firme (6).

Cocer con el horno fuerte (250-275 °C), calor arriba y abajo, con una bandeja metálica en la base del horno: echar 200 ml de agua caliente en la bandeja al comenzar la cocción. Tras 15 minutos, retirar la bandeja y continuar otros 50 minutos a 210 °C, hasta completar 1 hora y 5 minutos de cocción total.

Dejar reposar en una rejilla hasta que se enfríe por completo.

---

1 Punto de humedad de la masa tras el mezclado. | 2 Amasar a pliegues. | 3 Hacer un hatillo con delicadeza, sin desgasificar. | 4 Agarrar la masa por arriba con gesto delicado pero firme. | 5 Estrangular el moño y girar la parte inferior. | 6 Clavar el moño hasta el fondo hasta que quede firme. | 7 Miga del mollete.

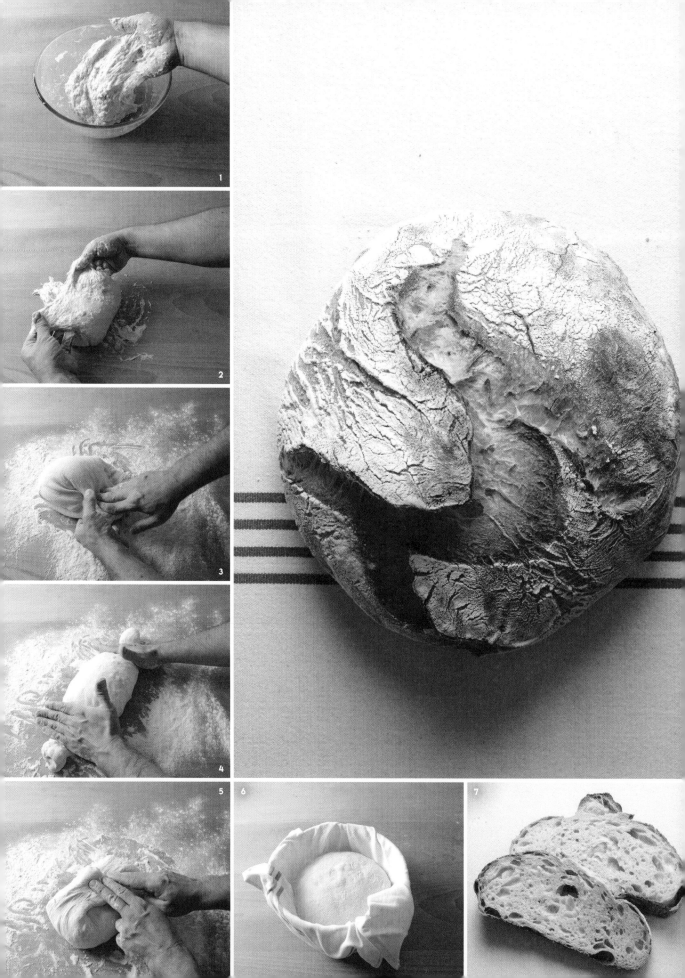

Masa madre
(de la noche anterior)

100 g de harina panificable

50 g de agua

5 g de masa madre de cultivo

Masa final

155 g de masa madre

440 g de harina panificable (W180)

190 g de harina del país molida a la piedra (harina clara)

450-470 g de agua

12 g de sal

0,5 g de levadura (aproximadamente medio garbanzo)

Bolla al estilo de Porriño

Galicia

Porriño es una de las capitales gallegas del pan. Allí se elabora un pan de hidratación intermedia y miga jugosa, y que se cuece bocarriba, como se hace a más de 1.000 km de allí con el pagès catalán. Un formado sabio y el punto de fermentación justo harán que el pan se abra correctamente. Para esta pieza usaremos una buena cantidad de harina del país molida a la piedra, lo que dará un gran aporte de sabor.

Método

Preparar la masa madre la noche anterior y fermentarla al menos 12 horas por encima de 20 °C (lo ideal es cerca de 25 °C).

Al día siguiente, mezclar todos los ingredientes. Quedará una masa un poco pegajosa (1). Nada más mezclarla, dejarla descansar 10 o 15 minutos en el bol tapado.

Amasar mediante amasado francés (2) durante 5 o 10 minutos seguidos hasta que la masa quede fina. Si no te apetece amasar, puedes emplear el sistema de pliegues y reposos del capítulo de técnicas.

Fermentar de 2 horas y 30 minutos a 3 horas.

Bolear (3) suavemente para conseguir tensión, pero sin desgasificar demasiado la pieza. Dejar reposar 20 minutos antes de formar.

Para formar, plegar la masa formando un barrote grueso y estirar los extremos; presionar con el canto de las manos a unos 5 cm de cada extremo hasta formar una bola prominente en cada extremo (4). Plegar el barrote llevando las bolas de los extremos hacia el centro (5). Reposar la masa 20 minutos y repetir de nuevo el formado anterior.

Forrar un bol con una tela y enharinarla. Depositar la masa allí con el pliegue hacia abajo, tocando la harina y la tela (6).

Fermentar 1 hora o 1 hora y 15 minutos aproximadamente y enhornar.

Cocer con el horno a 250 °C, calor abajo, con una bandeja metálica en la base del horno: echar 200 ml de agua caliente en la bandeja al comenzar la cocción. Tras 15 minutos, retirar la bandeja con agua y continuar otros 70 minutos a 200 °C, hasta completar 1 hora y 25 minutos de cocción total.

Dejar reposar en una rejilla hasta que se enfríe por completo.

---

1 Punto de humedad de la masa tras el mezclado. | 2 Amasar usando amasado francés. | 3 Hacer un hatillo con delicadeza, sin desgasificar. | 4 Hacer un barrote y sacarle unas bolas en los extremos. | 5 Plegar los extremos hacia el centro. | 6 Fermentar con el sellado debajo, tocando la tela. | 7 Miga de la bolla al estilo de Porriño.

Ingredientes

Masa madre
(de la noche anterior)

160 g de harina de fuerza (W300)

85 g de agua

5 g de masa madre de cultivo

Masa final

250 g de masa madre

570 g de harina del país molida a
la piedra (harina clara)

140 g de harina de fuerza (W300)

580 g de agua

14 g de sal

Pan al estilo de Cea

Galicia

El pan de Cea tiene una historia secular y está amparado por la primera Indicación Geográfica Protegida que consiguió un pan español. Su proceso sigue una coreografía de pliegues (tendas) y manipulaciones que continúa incluso en el horno, donde se anda con el pan; resulta inspirador observar con atención los pasos de un pan tan arcaico y a la vez tan sofisticado. En casa es muy difícil tener uno de los hornos de piedra que le dan su carta de naturaleza. Para conseguir su sabor y textura inconfundibles, usaremos una gran proporción de harina del país molida a la piedra, que hoy se puede encargar desde casi cualquier parte de España.

Método

Preparar la masa madre la noche anterior y fermentarla al menos 12 horas por encima de 20 °C (lo ideal es cerca de 25 °C).

Al día siguiente, mezclar todos los ingredientes. Quedará una masa bastante pegajosa (1). Nada más mezclarla, dejarla descansar 10 o 15 minutos en el bol tapado.

Amasar mediante pliegues y reposos, dando cuatro pliegues separados de 20 o 25 minutos (2), y fermentar durante 1 hora más.

Dar un suave boleado (tenda) para que la masa recobre un poco de estructura (3). Reposar 30 minutos y volver a repetir el boleado suave.

Reposar 30 minutos más y volver a dar otra tenda. Reposar otros 30 minutos, estirar la masa hasta formar una pieza oblonga y hacerle un corte profundo en el centro, apoyándola en la parte superior de la mano y dejando caer los extremos de la masa a ambos lados del brazo (4).

Colocar la masa sobre una hoja de papel de hornear (5) y meter en el horno a 250 °C, calor abajo, con una bandeja metálica en la base del horno: echar 200 ml de agua caliente al comenzar la cocción. Pasados entre 7 y 10 minutos, retirar la bandeja con agua y usar una tablilla o similar para empujar el pan hacia arriba desde el centro de la base (6), favoreciendo así que se abra por el corte o fenda.

Continuar la cocción otros 70 minutos a 200 °C, hasta completar 1 hora y 20 minutos de cocción total.

Dejar reposar en una rejilla hasta que se enfríe por completo.

---

1 Punto de humedad de la masa tras el mezclado. | 2 Amasar a pliegues. | 3 Gesto al hacer el hatillo de la tenda. | 4 Cortar con un corte profundo (incluso repasándolo) en el centro de la masa. | 5 Colocar la pieza en papel de hornear estirándola. | 6 Empujar hacia arriba por el centro del pan; anda-lo-pan. | 7 Miga de la poia al estilo de Cea.

Ingredientes

Pan de tres moños

Aragón

El pan de tres moños es una de esas especies casi en peligro de extinción, ya que el formado se ejecuta con los brazos y su mecanización es difícil. Hay algo bello y ancestral en el hecho de que no solo las manos sino todo el físico del panadero quede marcado en este tipo de panes. Estos gestos nos hablan de otros tiempos en los que no era tan habitual dar cortes al pan antes del horneado, sino que la pericia en el formado hacía que el pan se expandiera creando formas atractivas, en algunos casos simbólicas y ceremoniales.

Método

Preparar la masa madre la noche anterior y fermentarla al menos 12 horas por encima de 20 °C (lo ideal es cerca de 25 °C).

Al día siguiente, mezclar todos los ingredientes. Quedará una masa ligeramente pegajosa (1). Nada más mezclarla, dejarla descansar 10 o 15 minutos en el bol tapado.

Amasar sobre la mesa (2) durante 20 o 30 segundos y dejar que la masa repose 10 minutos. Repetir esto tres o cuatro veces hasta que la masa esté fina (puedes amasar de corrido o bien con amasadora, sumando el tiempo que hubiera estado fermentando entre pliegues).

Fermentar aproximadamente 2 horas y 30 minutos, y bolear suavemente.

Reposar entre 15 y 20 minutos, y formar un barrote de 50 cm de largo.

Marcar la barra rodándola con los cantos de las manos y definiendo tres partes iguales (3).

Plegar por la mitad el barrote haciendo que las dos hendiduras se superpongan (4) y pasar por ese punto todo el antebrazo, de la muñeca hasta casi el codo (5), de manera que queden marcados y tensados los tres moños. Recoger los moños en una bola (6) y dejarla reposar bocabajo sobre una tela, de manera de la unión quede en contacto con la tela enharinada.

Fermentar de 45 a 50 minutos, mejor que entre en el horno un poco joven.

Cocer con el horno a 250 °C, calor abajo, con una bandeja metálica en la base del horno: echar 300 ml de agua caliente en la bandeja al comenzar la cocción. Tras 15 minutos, retirar la bandeja con agua y continuar otros 50 minutos a 200 °C, hasta completar 1 hora de cocción total.

Dejar reposar en una rejilla hasta que se enfríe por completo.

---

1 Punto de humedad de la masa tras el mezclado. | 2 Amasar sobre la mesa a intervalos o bien de corrido. | 3 Marcar con los cantos definiendo dos hendiduras y tres partes iguales. | 4 Plegar el barrote por la mitad. | 5 Pasar todo el antebrazo marcando los tres moños. | 6. Recoger los moños y dejarlo bocabajo sobre una tela enharinada. | 7 Miga del pan de tres moños.

Masa madre
(de la noche anterior)

100 g de harina panificable

50 g de agua

5 g de masa madre de cultivo

Masa final

155 g de masa madre

300 g de harina panificable
(W180)

100 g de harina panificable suave
(W130)

100 g de harina clara molida a la
piedra (T65-T80)

340 g de agua

10 g de sal

0,5 g de levadura fresca (aproximadamente medio garbanzo)

Pan de cinta

Aragón

Hoy en día es habitual dar cortes al pan justo antes de meterlo al horno, para facilitar así su expansión. Es una necesidad hecha virtud: el pan se hincha y queda bonito. Sin embargo, antiguamente no se cortaba tan a menudo, sino que el panadero se las ingeniaba para conseguir que la pieza se expandiera al máximo, pero sin cortes. El pan de cinta aragonés y el pan de rabo albaceteño son miembros de la increíble familia de panes que requieren de una manipulación delicada justo antes del horno. Es un arte sacar una cinta de masa y, sin que se separe de la pieza, estirarla y cruzarla.

Método

Preparar la masa madre la noche anterior y fermentarla al menos 12 horas por encima de 20 °C (lo ideal es cerca de 25 °C).

Al día siguiente, mezclar todos los ingredientes. Quedará una masa ligeramente pegajosa (1). Nada más mezclarla, dejarla descansar 10 o 15 minutos en el bol tapado.

Amasar durante 5 o 10 minutos hasta que la masa esté fina y cohesionada. Si no te apetece amasar, puedes dar microamasados y reposos (consulta el capítulo de técnicas).

Fermentar entre 3 horas y 30 minutos y 4 horas; dividir en dos piezas iguales de unos 500 g. Bolear suavemente y dejar que reposen 10 minutos; formar dos barrotes (2) cortos y colocarlos en una tela enharinada, haciendo un pliegue para que se apoye el uno en el otro (3).

Fermentar cerca de 1 hora y 30 minutos o 2 horas y transferir las piezas a una hoja de papel de hornear. Con delicadeza, pellizcar un trozo de masa (4) y, sin separarla, estirarla entre las palmas haciendo un movimiento rotatorio hasta tener una cinta de masa de unos 15 cm (5). Cruzar la cinta de masa transversalmente y hacer que esté bien metida por el lado contrario (6).

Cocer con el horno a 230 °C, calor arriba y abajo, con una bandeja metálica en la base del horno: echar 300 ml de agua caliente en la bandeja al comenzar la cocción. Tras 20 minutos, retirar la bandeja con agua y continuar otros 35 minutos, hasta tener un bonito dorado.

1 Punto de humedad de la masa tras el mezclado. | **2** Formar los barrotes. | **3** Fermentar sobre una tela enharinada y plegada. | **4** Pellizcar un trozo de masa sin que se rompa. | **5** Estirar la cinta frotándola entre las manos. | **6** Cruzar la cinta transversalmente sellándola en el lado opuesto. | **7** Miga del pan de cinta.

Ingredientes

Masa madre
(de la noche anterior)

100 g de harina integral de trigo

50 g de agua

5 g de masa madre de cultivo

Masa final

155 g de masa madre

450 g de harina panificable
(W180)

50 g de harina clara molida a la
piedra (T80)

330-340 g de agua

10 g de sal

1 g de levadura (aproximadamente
un garbanzo)

Aceite para untar la pintera

---

1 Punto de humedad de la masa tras el
mezclado. | 2 Amasar sobre la mesa. |
3 Bolear delicadamente. | 4 Dejar fer-
mentar la masa hasta que esté bastan-
te madura. | 5 Dar tensión creando un
reborde pellizcando con el canto de las
manos. | 6 Marcar con un gesto deci-
dido, girando levemente la muñeca. |
7 Miga del pan de pintera.

Pan de pintera

Aragón

Los sumerios, los egipcios o los romanos ya marcaban sus panes, a veces con motivos ceremoniales, a veces por una mera cuestión de identificar de quién era el pan. Esta vieja costumbre decorativa se llama «pintar» el pan. En España se conservan varios ejemplos notables de «panes pinta-dos», como el lechuguino de Valladolid o el delicadísimo pan de pintera de Aragón. Como posiblemente no tengas una pintera (o pintadera), pue-des usar la imaginación para emplear algún objeto de casa en el marcado (desde un salvamanteles metálico hasta algún artilugio decorativo o in-cluso un vaso).

Método

Preparar la masa madre la noche anterior y fermentarla al menos 12 horas por encima de 20 °C (lo ideal es cerca de 25 °C).

Al día siguiente, mezclar todos los ingredientes. Quedará una masa intermedia, un poco pegajosa al comienzo (1). Nada más mezclarla, dejarla descansar 10 o 15 minutos en el bol tapado. Tras ese tiempo, la masa estará más cohesionada y no se pegará tanto.

Amasar sobre la mesa, plegándola y haciéndola rodar durante unos 5 minutos, hasta que quede lista (2); consulta el capítulo de técnicas de amasado.

Fermentar de 2 horas y 30 minutos a 3 horas. Pasado ese tiempo, bolear con delicadeza pero transmitiendo tensión a la masa (3).

Dejarla reposar sobre una hoja de papel de hornear.

Fermentar entre 1 hora y 1 hora y 30 minutos. Que la masa se hinche y vaya al horno no muy joven (4). Dar tensión a la masa pellizcando toda la circunferencia con el canto de las manos hasta crearle un reborde (5). Untar la pintera con aceite y marcar con decisión en un gesto lim-pio y sin vacilar, apretando casi hasta el fondo al tiempo que se gira le-vemente la muñeca (6).

Cocer con el horno calentado a 230 °C, calor arriba y abajo, con una bandeja metálica en la base del horno: echar 200 ml de agua caliente en la bandeja al comenzar la cocción. Tras 10 minutos, retirar la bandeja con agua y continuar otros 45 o 50 minutos a 210 °C, hasta completar 55 o 60 minutos de cocción total.

Dejar reposar en una rejilla hasta que se enfríe por completo.

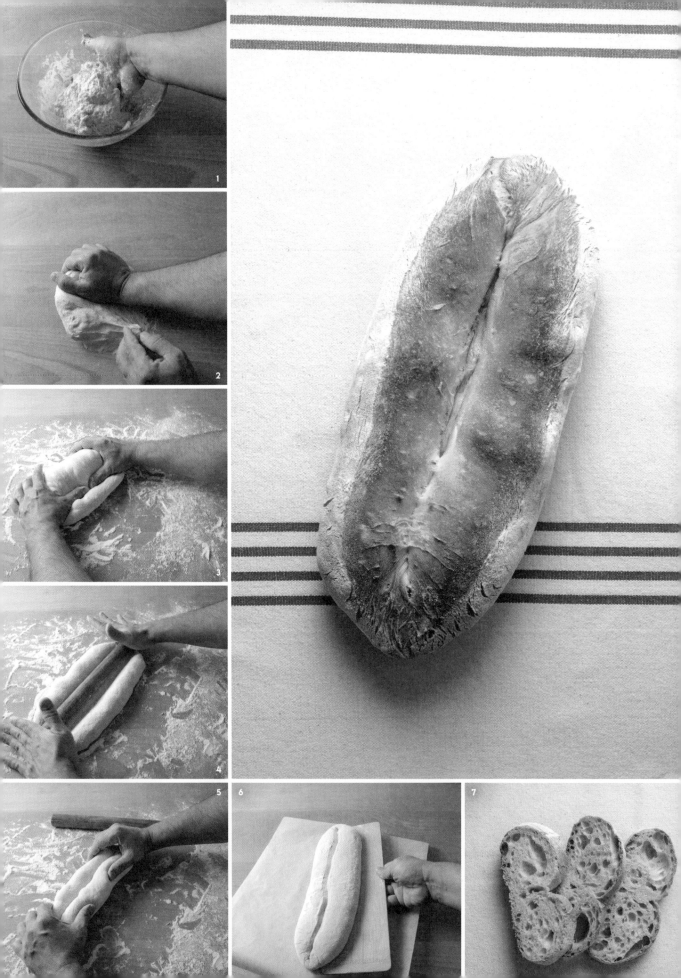

Ingredientes

Masa madre
(de la noche anterior)

80 g de harina panificable

40 g de agua

0,1 g de levadura (una lenteja)

Masa final

120 g de masa madre

300 g de harina panificable (W180)

50 g de harina clara molida a la piedra (T80)

225 g de agua

6 g de sal

0,5 g de levadura (aproximadamente medio garbanzo)

Taja

Navarra

La taja es uno de los clásicos de la panadería navarra. Se trata de una barra arcaica que no recibe cortes, sino que se abre por un pliegue hecho con un palo, igual que el pain fendu de la cercana Francia. En zonas limítrofes existen parientes marcados con instrumentos similares (la «brilla») o incluso con el antebrazo. Su miga es ligera y el aspecto de la rebanada viene marcado por el proceso de formado, igual que ocurre con su primo el llonguet en el Mediterráneo. La hermandad de los panes marcados.

Método

Preparar la masa madre la noche anterior y fermentarla al menos 12 horas por encima de 20 °C (lo ideal es cerca de 25 °C).

Al día siguiente, mezclar todos los ingredientes. Quedará una masa ligeramente pegajosa (1). Nada más mezclarla, dejarla descansar 10 o 15 minutos en el bol tapado.

Amasar durante 5 o 10 minutos sobre la mesa hasta que la masa esté fina (2), o bien darle tres o cuatro tandas de 20 segundos de amasado separadas por 15 minutos de reposo.

Fermentar durante 3 horas (haciendo un pliegue al cabo de 1 hora para darle fuerza a la masa). Bolear muy suavemente la masa y dejarla reposar durante 15 minutos.

Formar una barra (3) dándole buena tensión. Una vez lista la barra, usando un palo de unos 2 o 3 cm de grosor, hacer una hendidura longitudinal profunda apretando hasta el fondo y luego haciendo rodar un poco el palo para crear un hueco de algo más de 5 cm de ancho (4).

Recoger la pieza con delicadeza hasta que se toquen los dos lóbulos recién creados (5) y dejarla reposar bocabajo sobre una tela enharinada, con el pliegue tocando la tela.

Fermentar entre 45 y 55 minutos, de modo que entre al horno aún joven para que pueda abrir bien.

Transferir a una hoja de papel de hornear con el pliegue hacia arriba (6).

Cocer con el horno a 250 °C, calor solo abajo, con una bandeja metálica en la base del horno: echar 200 ml de agua caliente en la bandeja al comenzar la cocción. Tras 15 minutos, retirar la bandeja con agua y continuar otros 35 minutos a 210 °C, calor arriba y abajo, hasta tener un bonito dorado.

Dejar enfriar en una rejilla.

---

1 Punto de humedad de la masa tras el mezclado. | 2 Amasar sobre la mesa. | 3 Formar la barra incorporando tensión. | 4 Apretar con el palo y crear un hueco de algo más de 5 cm de ancho. | 5 Recoger los dos lóbulos y dejar fermentar bocabajo sobre una tela enharinada. | 6 Girar la pieza y transferirla a una hoja de papel de hornear. | 7 Miga de la taja.

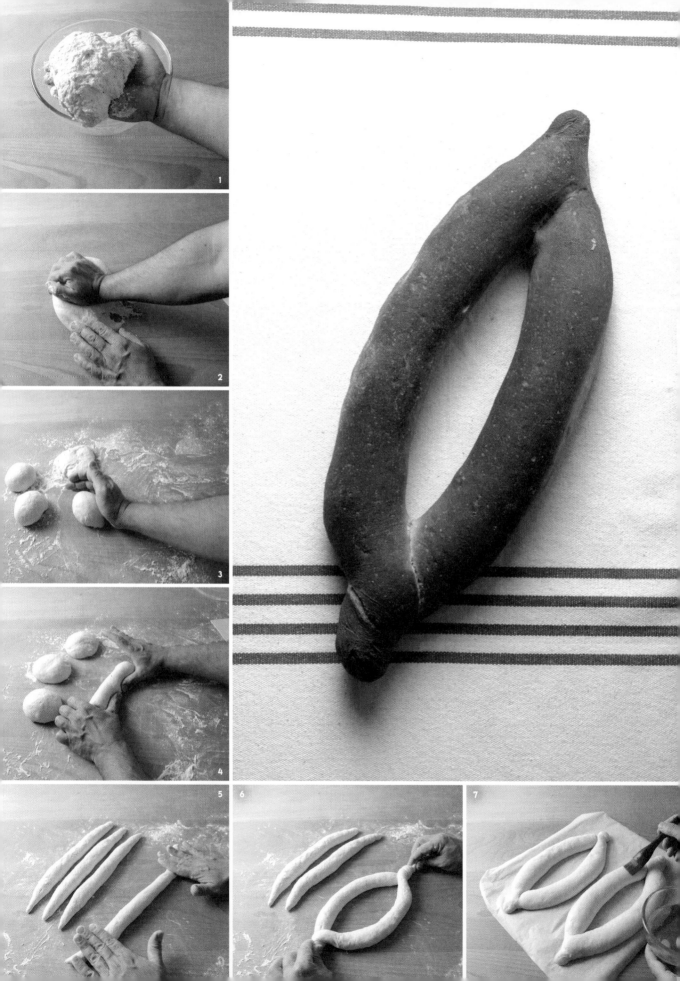

Masa madre
(de la noche anterior)

100 g de harina panificable

50 g de agua

2 g de levadura

Masa final

150 g de masa madre

300 g de harina panificable
(W180)

200 g de agua

6 g de sal

1 g de levadura
(aproximadamente un garbanzo)

Sopako

Euskadi

El sopako o zopako pertenece a la curiosa familia de los panes que se amasan, forman y hornean para que nadie se los coma: se hacen para cocinar con ellos. Indudablemente, en un origen, para las sopas se usaría cualquier pan, pero con el tiempo un pan de corteza muy tostada ganó el favor en la cocina, ya que daba sabor y color a las sopas (ubicuas en la alimentación de antaño), desde las clásicas de ajo hasta elaboraciones gloriosas de la cocina vasca como la sopa de pescado.

Método

Preparar la masa madre el día anterior. Mezclar los ingredientes, dejar que fermente un par de horas a temperatura ambiente y guardarlo en la nevera hasta el día siguiente.

Al día siguiente, volver a mezclar todos los ingredientes. Quedará una masa ligeramente pegajosa (1). Nada más mezclarla, dejarla descansar 10 o 15 minutos en el bol tapado.

Amasar durante 5 o 10 minutos sobre la mesa hasta que la masa esté fina (2), o bien darle tres o cuatro tandas de 20 segundos de amasado separadas por 15 minutos de reposo.

Fermentar entre 2 horas y 30 minutos y 3 horas, dividir en cuatro piezas iguales y bolearlas desgasificando bien (3). Esperar 15 minutos y formar barras de unos 40-45 cm de largo: primero hacer pequeñas barritas (4), esperar de 5 a 10 minutos y estirarlas finalmente (5).

Unir las barritas de dos en dos por los extremos, retorciendo las puntas y apretando para que se sellen, y abriendo el agujero central para evitar que se cierre durante la fermentación y el horneado (6).

Fermentar de 1 hora y 30 minutos a 2 horas aproximadamente; es necesario que vayan bastante maduras, para que no se abran durante la cocción. Pasar a una hoja de papel de hornear y pincelar con agua para conseguir mayor color en la corteza (7).

Cocer con el horno a 230 °C, calor arriba y abajo, con una bandeja metálica en la base del horno: echar 200 ml de agua caliente en la bandeja al comenzar la cocción. Tras 10 minutos, retirar la bandeja con agua y continuar otros 40 minutos a 230 °C, calor arriba y abajo, hasta tener un tono muy oscuro, casi tostado.

Dejar reposar de un día a otro antes de usar.

---

1 Punto de humedad de la masa tras el mezclado. | **2** Amasar sobre la mesa. | **3** Dividir en cuatro piezas y bolear desgasificando. | **4** Formar unas barritas cortas y dejar reposar 10 minutos. | **5** Estirarlas finalmente hasta que midan cerca de 45 cm. | **6** Unir las barritas de dos en dos y sellar los extremos. | **7** Pincelar con agua antes de hornear.

Masa madre
(de la noche anterior)

100 g de harina panificable

60 g de agua

0,2 g de levadura fresca (equivalente a una pequeña lenteja)

Masa final

160 g de masa madre

400 g de harina panificable (W180)

100 g de harina clara molida a la piedra (T65-T80)

350 g de agua

10 g de sal

1 g de levadura (aproximadamente un garbanzo)

1 Punto de humedad de la masa tras el mezclado. | 2 Amasar a pliegues. | 3 Hacer un hatillo trayendo los bordes al centro con suavidad. | 4 Bolear con extrema delicadeza. | 5 Marcar la pieza apretando con la punta de los cinco dedos. | 6 Dar un corte circular en todo el perímetro. | 7 Miga del pan de Campoo.

Pan de Campoo, sin amasado
Cantabria

Esta es una hogaza muy apreciada en la zona donde Cantabria sube a la meseta. No es extraño que la capital cántabra del pan sea la zona cerealista con panes tan famosos como los de Orzales, Olea o Argüeso. Se trata de un pan rústico, sencillo, con una miga fruto de un amasado muy suave que en esta versión imitamos a base de pliegues. Tradicionalmente se cuece en horno de leña. Como no es fácil tener uno, la receta intenta dar más personalidad al pan mediante el añadido de harina molida a la piedra y una buena cocción. Con la misma masa es tradicional hacer una torta de aceite estupenda, ¡anímate!

Método

Preparar la masa madre la noche anterior y fermentarla al menos 12 horas por encima de 20 °C (lo ideal es cerca de 25 °C).

Al día siguiente, mezclar todos los ingredientes. Quedará una masa bastante pegajosa (1). Nada más mezclarla, dejarla descansar 10 o 15 minutos en el bol tapado.

Amasar a pliegues (2); dar tres o cuatro pliegues separados cada uno por 20 o 30 minutos de reposo. Fermentar durante 2 horas y 30 minutos (puedes amasar de corrido o bien con amasadora; en ese caso, suma al tiempo de fermentación la hora u hora y media que hubiera estado fermentando entre pliegues).

Sobre la mesa enharinada, bolear de forma extremadamente suave. Una de las claves es que el boleado sea muy sutil (3), apenas dar forma redonda a la masa y listo, sin dar tensión excesiva (4).

Colocar sobre una tela enharinada y fermentar al menos 1 hora, que entre al horno ya un poco maduro, para que no rompa mucho.

Antes de enhornar, apretar en el centro de la pieza con la punta de los cinco dedos de una mano juntas (5) y hacer un corte circular (6).

Cocer con el horno a 230 °C, calor arriba y abajo, con una bandeja metálica en la base del horno: echar 200 ml de agua caliente en la bandeja al comenzar la cocción. Tras 10 minutos, retirar la bandeja con agua y continuar otros 40 o 45 minutos a 230 °C, hasta completar 50 o 55 minutos de cocción total.

Dejar reposar en una rejilla hasta que se enfríe por completo.

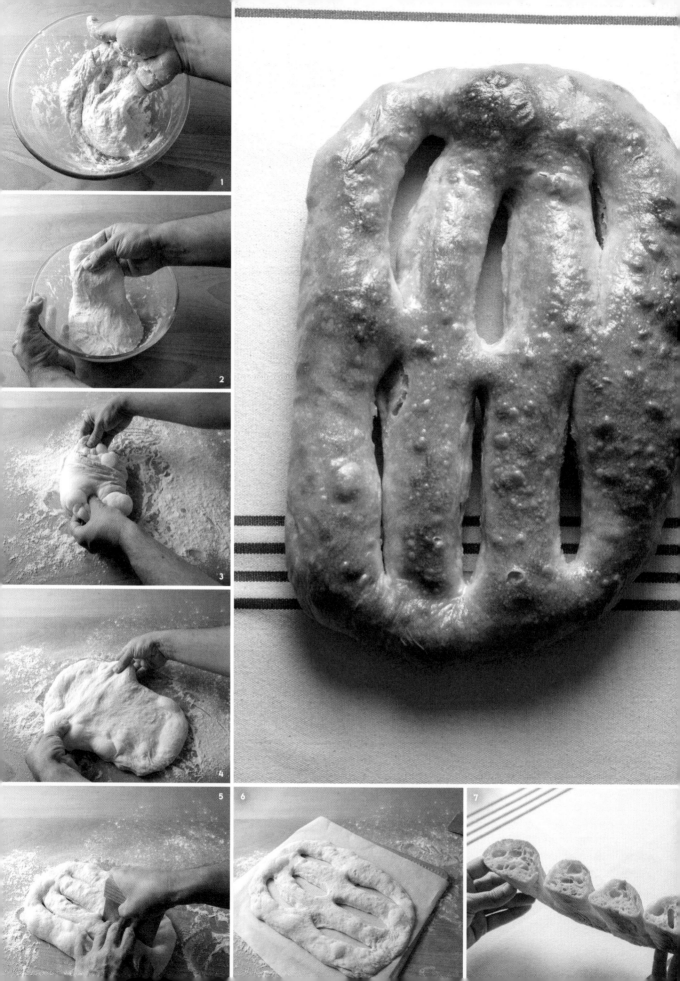

Masa madre
(de la noche anterior)

100 g de harina panificable

60 g de agua

1 g de levadura fresca (aproximadamente un garbanzo)

Masa final

160 g de masa madre

400 g de harina panificable (W180)

280 g de agua

10 g de sal

1 g de levadura
(aproximadamente un garbanzo)

Opcional
Aceite para pincelar

Pa de coca, sin amasado

Cataluña

Uno de esos panes sabios y delicados que, aun siendo simplemente mera masa de pan, se convierten en toda una experiencia. Esta torta plana de pan va cortada de manera que su superficie de corteza se multiplica y eso hace que sea sabrosísima: pura sabiduría panadera que practican panaderos ampurdaneses igual que los franceses con su prima la fougasse. Como toque especial, también se puede pincelar con aceite al salir del horno, como se hace con muchas otras piezas en Aragón y Levante.

Método

Preparar la masa madre el día anterior: mezclar los ingredientes, ponerla a fermentar un par de horas y meterla a la nevera.

Al día siguiente, mezclar todos los ingredientes. Quedará una masa algo pegajosa (1). Nada más mezclarla, dejarla descansar 10 o 15 minutos en el bol tapado. Tras ese tiempo, la masa estará más cohesionada y no se pegará tanto.

Amasar a pliegues (2); dar tres o cuatro pliegues separados cada uno por 20-30 minutos de reposo. Fermentar entre 2 horas y 30 minutos y 3 horas (puedes amasar de corrido o bien con amasadora; en ese caso, suma al tiempo de fermentación la hora u hora y media que hubiera estado fermentando entre pliegues).

Bolear con extrema suavidad (3) y dejar reposar 20 minutos. Estirar la masa hasta que forme una pieza alargada de unos 40 x 20 cm y aproximadamente 1 cm de grosor (4).

Pasar a una tela enharinada y fermentar 1 hora.

Sobre la mesa enharinada, cortar con la rasqueta o alguna lámina dura de manera que queden unos seis cortes longitudinales que se abrirán formando una malla (5 y 6).

Pasar a una hoja de papel de hornear y cocer con el horno a 230 °C, calor arriba y abajo, con una bandeja metálica en la base del horno: echar 200 ml de agua caliente en la bandeja al comenzar la cocción. Tras 10 minutos, retirar la bandeja con agua y continuar otros 25 minutos a 210 °C, hasta completar 35 minutos de cocción total.

Opcional: pincelar con aceite al sacar del horno y dejar reposar en una rejilla hasta que se enfríe por completo.

---

1. Punto de humedad de la masa tras el mezclado. | **2.** Amasar a pliegues. | **3.** Bolear con extrema suavidad. | **4.** Estirar la pieza hasta que mida unos 40 x 20 cm. | **5.** Cortar con una rasqueta creando una rejilla de agujeros. | **6.** Pasar a una hoja de papel de hornear y abrir los agujeros. | **7.** Miga del *pa de coca*.

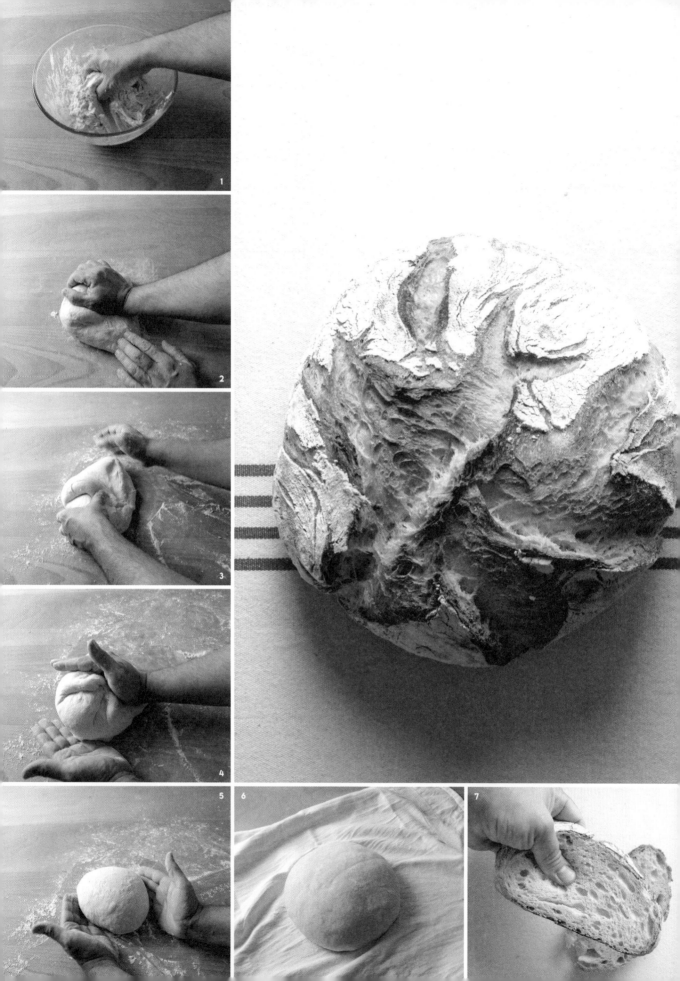

Pa de pagès

Cataluña

El pagès o rodó es toda una institución, un pan arcaico que se lleva haciendo siglos y que hoy en día cuenta con una Indicación Geográfica Protegida de la UE. Se trata de un «pan girado»; es decir, se introduce en el horno bocarriba de forma que se abre por donde el panadero selló la masa, al contrario de lo que sucede en la gran mayoría de los panes. Es un pan de hidratación contenida que ofrece una miga consistente de alveolatura intermedia: la perfecta para el pa amb tomàquet.

Método

Preparar la masa madre la noche anterior y fermentarla al menos 12 horas por encima de 20 °C (lo ideal es cerca de 25 °C).

Al día siguiente, mezclar todos los ingredientes. Quedará una masa no muy pegajosa (1). Nada más mezclarla, dejarla descansar 10 o 15 minutos en el bol tapado.

Amasar sobre la mesa entre 5 y 10 minutos (2), plegándola y haciéndola rodar hasta que quede fina. Fermentar de 2 horas y 30 minutos a 3 horas.

Sobre la mesa enharinada, bolear suavemente para dar un poco de tensión previa y quitar el exceso de gas que hubiera. Dejar reposar 20 minutos sobre la mesa. Bolear plegando desde los bordes hasta el centro (3), haciendo un hatillo y marcando cada pliegue con el canto de la mano (4), hasta que quede una bola. La clave es dar una tensión intermedia en el heñido final (5): muy floja, y la masa no aguantaría; muy fuerte, y se dañaría la textura (dificultando además la correcta apertura en el horno).

Colocar sobre una tela enharinada con el sellado hacia abajo y fermentar entre 45 y 60 minutos aproximadamente; es importante que la masa entre un poco joven al horno, para que se pueda así desarrollar. Si entra pasada, no se abrirá.

Cocer con el horno a 250 °C, calor abajo, con una bandeja metálica en la base del horno: echar 300 ml de agua caliente en la bandeja al comenzar la cocción. Tras 15 minutos, retirar la bandeja con agua y continuar otros 45 o 50 minutos más a 200 °C, calor arriba y abajo, hasta completar 60 o 65 minutos de cocción total.

Dejar reposar en una rejilla hasta que se enfríe por completo.

1 Punto de humedad de la masa tras el mezclado. | 2 Amasar sobre la mesa. | 3 Bolear plegando los bordes hacia adentro. | 4 En el heñido, marcar firmemente cada pliegue con el canto de la mano. | 5 Dar la tensión justa pensando en que tiene que desarrollar; evitar una intensidad excesiva. | 6 Dejar que la masa repose con el sellado debajo y girarla para enhornar. | 7 Miga del *pa de pagès*.

Masa madre
(de la noche anterior)

100 g de harina panificable

60 g de agua

0,2 g de levadura fresca (equivalente a una pequeña lenteja)

Masa final

160 g de masa madre

350 g de harina panificable (W180)

100 g de panificable suave (W130)

50 g de harina clara molida a la piedra (T65-T80)

340 g de agua

12 g de sal

Fogassa

Castellón

La hogaza castellonense es algo más chata que sus parientes de otras zonas del país. Tradicionalmente, los trigos de la zona eran más flojos y muchos de los panes de Levante tienden a ser más bajos y de miga más tierna. La fogassa *es un pan que no tiene prisa por entrar al horno. Intenta no usar una harina demasiado fuerte; puedes mezclar panificable con una más floja, incluso introducir un poco de harina molida a la piedra o bien sémola de trigo duro (una costumbre muy habitual en Levante era usar una harina dorada de mezcla de trigo blando y duro).*

Método

Preparar la masa madre la noche anterior y fermentarla al menos 12 horas por encima de 20 °C (lo ideal es cerca de 25 °C).

Al día siguiente, mezclar todos los ingredientes. Quedará una masa algo pegajosa (1). Nada más mezclarla, dejarla descansar 10 o 15 minutos en el bol tapado. Tras ese tiempo, la masa estará más cohesionada y no se pegará tanto.

Amasar usando el amasado francés durante 15 segundos (2). Reposar 10 minutos y repetir tres veces este intervalo de microamasados (si no te apetece amasar, puedes emplear el sistema de pliegues y reposos del capítulo de técnicas).

Fermentar de 2 horas y 30 minutos a 3 horas en total desde el momento del mezclado inicial.

Bolear suavemente sin desgasificar mucho; una de las claves es respetar la estructura interna del pan (3). Dejar reposar el pan sobre una tela bien enharinada (4).

Fermentar 1 hora y bajar la pieza apretando suavemente con las manos (5).

Volver a fermentar 1 hora. Dar cuatro cortes en forma de rectángulo (6) y enhornar.

Cocer con el horno a 230 °C, calor arriba y abajo, con una bandeja metálica en la base del horno: echar 300 ml de agua caliente en la bandeja al comenzar la cocción. Tras 15 minutos, retirar la bandeja con agua y continuar otros 45 minutos a 200 °C, hasta completar 1 hora de cocción total.

Dejar reposar en una rejilla hasta que se enfríe por completo.

---

1 Punto de humedad de la masa tras el mezclado. | 2 Amasar a pequeños intervalos de amasado francés. | 3 Bolear muy delicadamente. | 4 Dejar fermentar la masa sobre una tela enharinada. | 5 Bajar la masa suavemente presionando con la palma de la mano. | 6 Dar cuatro cortes con una cuchilla o un cuchillo de sierra. | 7 Miga de la *fogassa*.

Candeal

El pan candeal (también llamado sobado, bregado, amacerado, etc.) es sin duda el emblema de la panadería tradicional española. Sus elaboraciones se encuentran de Álava a Cádiz y de Extremadura a Valencia. Desde hace siglos, su miga sedosa, algodonosa y su corteza de porcelana han seducido a generaciones, aunque hoy no goce del favor del público joven. En este capítulo presentamos diversos formatos acompañados de varias técnicas para poder descubrir la magia del candeal en casa. Antes de afrontar estas recetas, consulta el capítulo inicial de técnicas.

500 g de harina panificable suave (W130)

250 g de agua

10 g de sal

5 g de levadura fresca

Pan de cuadros

Castilla y León

Para este primer pan del capítulo de candeales he escogido una pieza sencilla e irresistible por toda la corteza que tiene; un corte en rejilla multiplica la cantidad de masa expuesta al calor del horno, lo cual dará mucho sabor a barquillo. Para que sea muy asequible, empleo el método directo (sin fermento previo), y para que el refinado sea sencillísimo, una larga autolisis (mezcla previa de harina y agua) que hace que la masa sea más fácil de trabajar. El resultado es un pan sencillo y bueno.

Puedes usar esta masa para hacer un pan lechuguino. En vez de los cortes, marca una roseta usando una cucharilla o un arito.

Método

Mezclar la harina con 220 g de agua y amasar un par de minutos (1) hasta que esté homogéneo; es importante que no queden grumos. Dejarlo reposar 30 minutos.

Diluir la sal en los 30 g de agua restantes. Para facilitar la disolución, se puede moler (como si fuera azúcar glas) y usar agua muy caliente.

Mezclar todo en el bol rompiendo la masa en trozos para facilitar la incorporación del agua salada y la levadura.

Pasarlo a la mesa y amasar un par de minutos hasta que la masa vuelva a estar seca y fina (2).

Refinar a rodillo estirando la masa hasta que mida 1 cm de grosor y plegar en tríptico (3). Repetir el pliegue y estirado unas tres o cuatro veces. Con eso, gracias a la autolisis, ya estará fina y sedosa.

Recogerla en una bola apretando para evitar atrapar aire. Bolear bien prieto remetiendo la parte inferior hasta que quede fina y tensa (4).

Esperar 5 minutos y estirar la bola a rodillo hasta tener un disco de un par de centímetros de grosor (5).

Pasar la pieza a una hoja de papel de hornear y fermentar de 2 horas y 30 minutos a 3 horas (intentar que no vaya pasada). Dejar la pieza un rato al aire para que adquiera una levísima piel.

Cortar en rejilla con cortes de 0,5 cm de profundidad y pinchar con una aguja cada rectángulo (6).

Calentar el horno a 230 °C, calor arriba y abajo, sin vapor.

Cocer un total de 25 o 30 minutos.

Dejar reposar tapado con una tela hasta que se enfríe por completo.

---

1 Punto de humedad de la masa tras el mezclado. | **2** Amasar sobre la mesa un par de minutos. | **3** Refinar a rodillo estirando, plegando en tríptico, girando la masa 90°, y volver a empezar. | **4** Bolear con gesto firme sobre una superficie enharinada. | **5** La masa ya fermentada y lista para el horno. | **6** Cortar con una cuchilla o bien con un cuchillo de sierra. | **7** Miga del pan de cuadros.

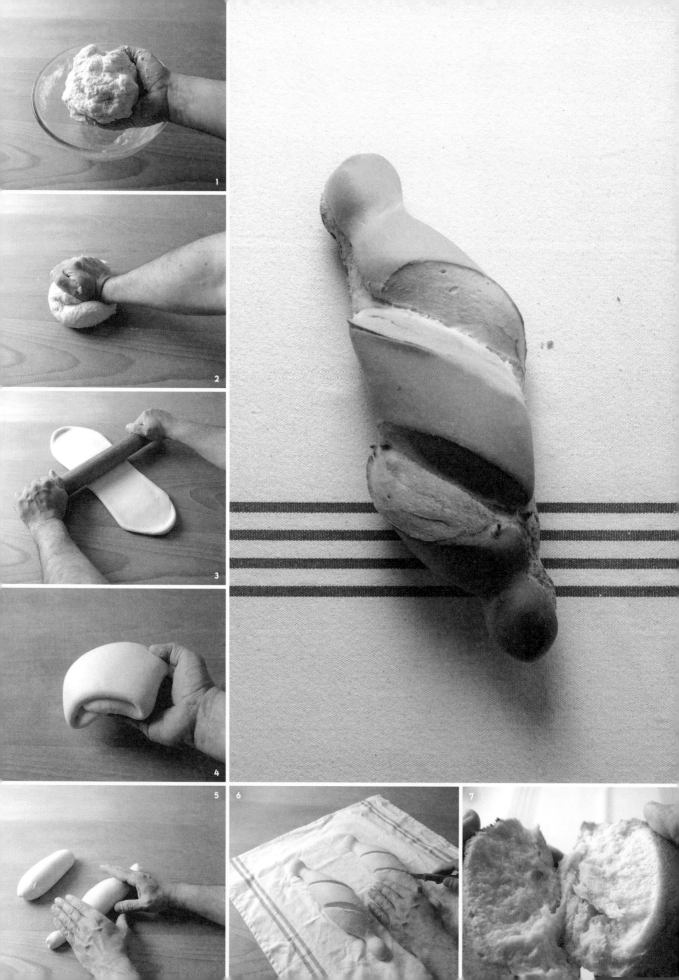

Ingredientes

Masa madre
(de la noche anterior)

100 g de harina panificable suave (W130)

50 g de agua

0,2 g de levadura fresca (equivalente a una lenteja)

Masa final

150 g de masa madre

500 g de harina panificable suave (W130)

240-250 g de agua

11 g de sal

3 g de levadura fresca

Telera corbobesa

Andalucía

El nombre «telera» define a muchos panes cuya característica común es ser alargados. Originalmente (y hasta no hace mucho), la telera era un pan integral, rústico y no muy apetecible, que se reservaba, despectivamente, para gente de segunda. Sin embargo, la telera contemporánea es un pan blanco de miga esponjosa y fina, uno de los emblemas de la panadería andaluza: el pan del salmorejo cordobés. No tengas miedo en el momento del corte y no te pases de fermentación; disfrutarás de un homenaje a la miga.

Método

Preparar la masa madre la noche anterior y fermentarla al menos 12 horas por encima de 20 °C (lo ideal es cerca de 25 °C).

Al día siguiente, mezclar todos los ingredientes en el bol hasta que quede una masa homogénea (1). Pasar la masa a la mesa y amasarla un par de minutos para que se cohesione (2).

Refinar a rodillo estirando la masa hasta que mida 1 cm de grosor y plegar en tríptico antes de volver a estirar (3). Darle de diez a quince pliegues hasta que la masa esté dúctil y sedosa (4).

Se puede hacer una pieza grande o bien dos pequeñas.

Formar un barrote y afinar un poco las puntas sacándole una pequeña bola en los extremos (5). Dejarlo al aire unos 20 minutos para que coja un poco «de casco» (haga un poco de piel).

Hacer dos cortes muy profundos, casi hasta la base, definiendo dos líneas oblicuas paralelas (6). Poner a fermentar bocabajo sobre una tela, con el corte tocando la tela.

Fermentar entre 2 horas y 2 horas y 30 minutos.

Girar la pieza sobre una hoja de papel de hornear. Si los cortes están muy pegados, se pueden repasar con la cuchilla.

Calentar el horno a 230 °C, calor arriba y abajo, sin vapor, y bajar a 200 °C nada más meter el pan.

Cocer un total de 30 minutos para la pieza pequeña y 50 minutos para la grande.

Dejar reposar tapado con una tela hasta que se enfríe por completo.

1 Punto de humedad de la masa tras el mezclado. | 2 Amasar un par de minutos sobre la mesa. | 3 Refinar a rodillo plegando y estirando. | 4 Tras el refinado, la textura será sedosa. | 5 Formar la telera haciendo un bollo oblongo con las puntas afinadas y creando una pequeña protuberancia en cada extremo. | 6 Hacer dos cortes paralelos muy profundos. | 7 Miga de la telera.

Ingredientes

Masa madre
(de la noche anterior)

80 g de harina panificable suave (W130)

45 g de agua

0,2 g de levadura fresca (equivalente a una lenteja)

Masa final

125 g de masa madre

600 g de harina panificable suave (W130)

275-290 g de agua

12 g de sal

3 g de levadura fresca

---

1 Punto de humedad de la masa tras el mezclado. | 2 Amasar un par de minutos hasta que la masa esté cohesionada. | 3 Refinar diez o quince veces hasta que la masa esté sedosa. | 4 Bolear y bajar las bolas apretando bien firme y afilando los cantos. | 5 Hacer dos profundos cortes en cruz desde el borde mismo de la pieza. | 6 Voltear la pieza y ponerla con el corte bocabajo sobre una hoja; pincharla con una aguja o picadera. | 7 Miga del pan de cruz.

Pan de cruz

Castilla-La Mancha

El pan de cruz es uno de los panes más fascinantes que ofrece la tradición panadera española. Una Indicación Geográfica Protegida recoge y ampara sus características singulares. Al contrario de lo que se suele hacer en la mayoría de los panes, en esta receta se busca que el pan coja piel y se hornea del revés, con el corte en la base. Todo ello produce un pan antológico, con una variedad de texturas y sabores espectacular: el señor de los panes.

Método

Preparar la masa madre la noche anterior y fermentarla al menos 12 horas por encima de 20 °C (lo ideal es cerca de 25 °C).

Al día siguiente, mezclar todos los ingredientes en el bol hasta que quede una masa homogénea (1). Pasar la masa a la mesa y amasarla un par de minutos para que se cohesione (2).

Refinar a rodillo estirando la masa hasta que mida 1 cm de grosor y plegar en tríptico antes de volver a estirar (3). Darle de diez a quince pliegues hasta que la masa esté dúctil y sedosa.

Dividir la masa en dos piezas iguales de cerca de 500 g.

Bolearlas bien prietas hasta que formen bolas sedosas. Dejar que reposen un par de minutos y bajarlas con la palma de la mano: primero haciéndolas girar con la almohadilla de la palma hasta que estén totalmente lisas y regulares, y finalmente aplastando más con el canto en el borde del disco de masa, con el fin de hacer un borde afilado (4).

Dejar las piezas reposar destapadas sobre una tela, a fin de que adquieran algo de piel. Tras 2 horas y 30 minutos o 3 horas (mejor que vaya corto), dar dos cortes profundos en forma de cruz, empezando en el mismo borde de la pieza y cortando casi hasta el fondo, pero sin llegar a cortar la base de la pieza (5).

Antes de enhornar, girar las piezas sobre una hoja de papel de hornear, de modo que el corte en cruz esté abajo, y hacer agujeros en la superficie con una aguja (o una picadera, si se tiene) (6).

Calentar el horno a 230 °C, calor arriba y abajo, sin vapor, y bajar a 200 °C nada más meter el pan.

Cocer unos 30 minutos.

Dejar reposar tapados con una tela hasta que se enfríen por completo.

Ingredientes

Masa madre (entre 2 horas y 30 minutos y 3 horas antes)

100 g de harina molida a la piedra clara (T65 o T80)

50 g de agua

100 g de masa madre de cultivo sólida, ya refrescada (suave)

Masa final

250 g de masa madre

400 g de harina molida a la piedra clara (T65 o T80)

200 g de agua

9 g de sal

---

1 Punto de humedad de la masa tras el mezclado. | 2 Amasar un par de minutos sobre la mesa. | 3 Refinar a rodillo plegando y estirando entre ocho y diez veces. | 4 Bolear bien prieto, apretando para desgasificar. | 5 Bajar las bolas formando discos de 2 cm de grosor. | 6 Dar cinco cortes profundos y pinchar en el centro con una aguja. | 7 Miga de la libreta.

Libreta a la antigua

Castilla y León

Este es un pan arcaico, elaborado como se haría hace siglos: usando harina molida a la piedra y fermentando solamente con masa madre de cultivo, antes de la llegada de la levadura de pastilla. Hoy en día el candeal está en crisis por el uso de harinas mediocres, el exceso de levadura y el empleo de aditivos innecesarios. Cuesta encontrar un candeal con sabor, por eso esta receta intenta ser una llamada de atención y crear un pan único. La miga sin duda será algo más densa de lo habitual para el paladar del siglo XXI, pero devuelve la capacidad de asombro al ver los increíbles matices y sabores del cereal que se pueden conseguir con harina y agua. Sorprenden el sabor dulce de la miga y el lujo de pellizcar un cantero o rescaño inolvidable.

Método

Emplear una masa madre suave, con varios refrescos, el último no demasiado prolongado, por ejemplo unas 3 horas sobre los 25 °C.

Una vez que la masa madre esté lista, mezclar todos los ingredientes en el bol hasta que quede una masa homogénea (1). También se puede usar la técnica de autolisis de la primera receta de candeal. Pasar la masa a la mesa y amasarla un par de minutos para que se cohesione (2).

Refinar a rodillo estirando la masa hasta que mida 1 cm de grosor y plegar en tríptico antes de volver a estirarla (3). Darle unos ocho o diez pliegues hasta que la masa esté dúctil y sedosa.

Dividir en dos piezas iguales y bolearlas incorporando bien la tensión (4). Dejar reposar 5 minutos tapadas y bajarlas con la palma de la mano hasta formar dos tortas de unos 2 cm de grosor (5).

Fermentar sobre una tela entre 3 horas y 3 horas y 30 minutos, dejándolas sin tapar un rato, hasta que adquieran una finísima piel (no demasiada); evitar fermentar con vapor.

Una vez fermentadas, pasarlas a una hoja de papel de hornear y dar cinco cortes muy profundos en los bordes, prácticamente hasta la base de la pieza (6).

Calentar el horno a 230 °C, calor arriba y abajo, sin vapor, y bajar a 210 °C nada más meter el pan.

Cocer entre 25 y 30 minutos.

Dejar reposar tapados con una tela hasta que se enfríen por completo.

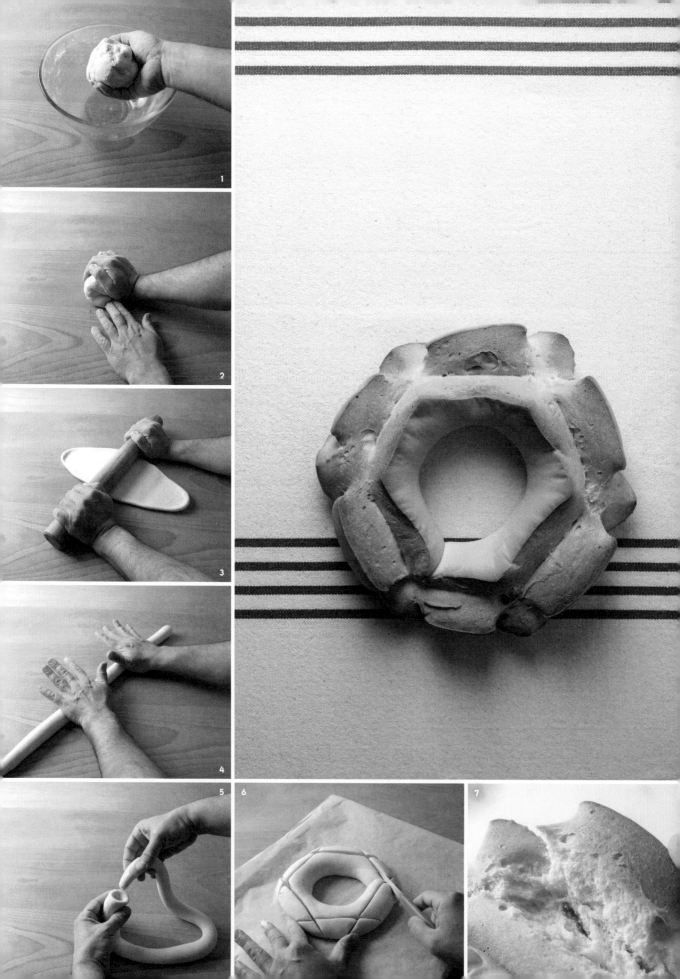

Ingredientes

Masa madre
(de la noche anterior)

65 g de harina panificable suave
(W130)

30 g de agua

0,2 g de levadura fresca (equivalente a una lenteja)

Masa final

100 g de masa madre

500 g de harina panificable suave
(W130)

250 g de agua

10 g de sal

1 g de levadura fresca

---

1 Punto de humedad de la masa tras el mezclado. | 2 Amasar un par de minutos sobre la mesa hasta que esté cohesionado. | 3 Refinar a rodillo plegando y estirando unas diez o quince veces. | 4 Estirar hasta formar un cilindro de unos 60 cm. | 5 Hacer un hueco en un extremo, introducir el otro extremo y apretar para sellar. | 6 Dar de seis a ocho cortes de modo que los cortes se crucen creando rescaños. | 7 Miga al abrir un rescaño crujiente.

Rosca de candeal

Varias regiones

La rosca siempre es un pan especial y no es raro que se ofrezca en celebraciones o ritos. Es un pan deseado por los amantes de la corteza, ya que la propia forma del pan favorece una gran superficie tostada, con su característico sabor a barquillo o galleta. Si a esto le sumamos que los cortes producen incontables rescaños para sacar a pellizcos, resulta irresistible. Para conseguir el aspecto espectacular es esencial que la masa esté bien refinada y que no entre pasada al horno.

Método

Preparar la masa madre la noche anterior y fermentarla al menos 12 horas por encima de 20 °C (lo ideal es cerca de 25 °C).

Al día siguiente, mezclar todos los ingredientes en el bol hasta que quede una masa homogénea (1). Pasar la masa a la mesa y amasarla un par de minutos para que se cohesione (2).

Refinar a rodillo estirando la masa hasta que mida 1 cm de grosor y plegar en tríptico antes de volver a estirarla (3). Darle unos diez o quince pliegues hasta que la masa esté dúctil y sedosa.

Dividir la masa en dos piezas iguales para hacer dos roscas.

Bolear aplastando con firmeza la masa hasta obtener un cilindro. Dejar reposar 5 minutos y estirar hasta que el cilindro de masa mida aproximadamente 60 cm, afinando una de las puntas y dejando la otra roma (4).

Hacer un hueco en el extremo de la punta roma e introducir el otro extremo apretando hasta que se sellen (5).

Colocar en una hoja de papel de hornear y fermentar entre 2 horas y 30 minutos y 3 horas, dejándola sin tapar un rato, hasta que adquiera una finísima piel (no demasiada); evitar fermentarla con vapor.

Antes de enhornarla, dar de seis a ocho cortes formando una estrella (6) haciendo que los cortes se crucen para formar rescaños.

Calentar el horno a 230 °C, calor arriba y abajo, sin vapor. Cocer unos 25 o 30 minutos.

Dejar reposar hasta que se enfríe por completo.

Ingredientes

Masa madre
(de la noche anterior)

85 g de harina panificable suave (W130)

40 g de agua

0,2 g de levadura fresca (equivalente a una lenteja)

Masa final

125 g de masa madre

500 g de harina panificable suave (W130)

250 g de agua

10 g de sal

3 g de levadura fresca

---

1 Punto de humedad de la masa tras el mezclado. | 2 Amasar un par de minutos sobre la mesa hasta que esté cohesionado. | 3 Refinar a rodillo plegando y estirando entre diez y quince veces. | 4 Formar pequeños barrotes de unos 15-20 cm con cuidado de cerrarlos de manera homogénea. | 5 Estirar cada barra hasta que mida unos 40 cm. | 6 Dar de seis a ocho cortes oblicuos muy profundos, llegando casi hasta la base del pan. | 7 Miga de la fabiola con su corteza fina y delicada.

Fabiola

Castilla y León

El pan candeal, bregado o sobado es una elaboración con siglos de historia, un pan arcaico que ha seducido a multitud de generaciones. No obstante, eso no quiere decir que sea una especialidad sin innovación; hoy en día hay panaderos que están trabajando con nuevas ideas, como lo fue en su día esta barra de candeal fina, de corteza brillante y delicada (la leyenda dice que se inventó para conmemorar la boda de Fabiola, la reina de Bélgica). En casa se puede conseguir una fabiola estupenda con un aliado sencillo: un vaporizador para crear mucha humedad.

Método

Preparar la masa madre la noche anterior y fermentarla al menos 12 horas por encima de 20 °C (lo ideal es cerca de 25 °C).

Al día siguiente, mezclar todos los ingredientes en el bol hasta que quede una masa homogénea (1). Pasar la masa a la mesa y amasarla un par de minutos para que se cohesione (2).

Refinar a rodillo estirando la masa hasta que mida 1 cm de grosor y plegar en tríptico antes de volver a estirarla (3). Darle de diez a quince pliegues hasta que la masa esté dúctil y sedosa.

Dividir la masa en tres piezas iguales de cerca de 290 g.

Bolearlas bien prietas formando unos barrotes cortos, de unos 15-20 cm, intentando que el sellado sea homogéneo (4). Dejarlas reposar 5 minutos cubiertas (para que no cojan piel) y estirar las barras hasta que midan unos 40 cm (5); para un horno de 90 cm de ancho, se pueden hacer solo dos piezas más largas.

Darles unos seis u ocho cortes oblicuos paralelos muy profundos, llegando casi hasta la base (6).

Fermentar entre 2 horas y 2 horas y 30 minutos; los cortes se habrán abierto dejando ver la miga de porcelana.

Antes de enhornar, vaporizar las barras de forma abundante con agua, para que queden completamente brillantes.

Calentar el horno a 230 °C, calor arriba y abajo. Enhornar y cocer 15 minutos. Abrir la puerta del horno y volver a vaporizar directamente las barras con abundante agua, hasta que vuelvan a estar totalmente brillantes. Continuar otros 5 o 10 minutos más, hasta que tengan un dorado suave.

Dejar reposar sobre una rejilla.

1 Punto de humedad de la masa tras el mezclado. | 2 Amasar un par de minutos sobre la mesa. | 3 Refinar a rodillo plegando y estirando entre diez y quince veces. | 4 Textura sedosa de la masa tras el refinado. | 5 Tras el boleado, bajar las bolas con la palma de la mano hasta hacer discos de 1 cm de grosor; emparejar los discos y volver a apretar. | 6 Pinchar y vaporizar las piezas antes del horneado. | 7 Miga del pan sobado con anís.

Pan sobado con anís

Canarias

Canarias es un puente de culturas en mitad del mar. Este pan es una evocadora muestra de ello: reúne la vieja tradición del pan candeal castellano (con una forma habitual en medio país, donde se conoce con nombres como pan de polea, carrillos, carrucha, etc.) con el aromático toque de la matalahúva y la no menos vieja tradición de añadir un poco de manteca de cerdo a la masa para darle suavidad. De alguna manera, como otros panes canarios, recuerda a muchos panes de los distintos países de América, que suelen llevar un poco de grasa y son tiernos y delicados. Un puente de pan en el mar.

Método

Preparar la masa madre la noche anterior y fermentarla al menos 12 horas por encima de 20 °C (lo ideal es cerca de 25 °C).

Para la infusión, llevar a ebullición los 300 g de agua y cocer el anís en grano durante 5 minutos. Dejar enfriar antes de usar (puede dejarse en infusión la víspera). Debido a la evaporación, quedarán menos de los 300 g iniciales; si quedan menos de los 230-240 g deseados, corregir con más agua.

Al día siguiente, mezclar todos los ingredientes en el bol hasta que quede una masa homogénea (1). Pasar la masa a la mesa y amasarla un par de minutos para que se cohesione (2).

Refinar a rodillo estirando la masa hasta que mida 1 cm de grosor y plegar en tríptico antes de volver a estirarla (3). Darle de ocho a diez pliegues, hasta que la masa esté dúctil y sedosa (4).

Dividir la masa en cuatro partes iguales. Desgasificarlas y bolearlas bien firmes. Dejar reposar 5 minutos.

Bajar las bolas con la palma formando discos de algo más de 1 cm de grosor y colocarlas apiladas de dos en dos, apretando finalmente para que se sellen bien (5).

Fermentar entre 3 horas y 3 horas y 30 minutos tapadas con una tela (o en un cajón). Antes de enhornarlas, hacerles unos agujeros con una aguja, para evitar que se formen burbujas en la masa (6), y vaporizar las piezas con abundante agua.

Calentar el horno a 230 °C, calor arriba y abajo, sin vapor. Cocer unos 25 o 30 minutos.

Dejar reposar tapados con una tela hasta que se enfríen por completo.

Masa madre
(de la noche anterior)

100 g de harina panificable suave (W130)

50 g de agua

0,2 g de levadura fresca (equivalente a una lenteja)

Masa final

150 g de masa madre

400 g de harina panificable suave (W130)

200 g de agua

9 g de sal

2 g de levadura fresca

Pan de cuatro cantos, con contrafresado

Andalucía, Extremadura

Este precioso pan en forma de flor se encuentra en distintos lugares de Andalucía y Extremadura. Gracias a los profundos cortes, la masa se abre de forma espectacular. Es uno de los formatos de candeal de mayor altura (¡y, por eso, de mucha miga!). El formado, gracias a la infinita sabiduría panadera, permite comerlo sin cuchillo, arrancando los crujientes cantos o veras, que se pueden tomar, como era tradición, con aceite y azúcar a modo de merienda pretérita.

Para acortar el refinado, introducimos el concepto de contrafresado: retrasar parte de la harina para poder amasar de forma más sencilla.

Método

Preparar la masa madre la noche anterior y fermentarla al menos 12 horas por encima de 20 °C (lo ideal es cerca de 25 °C).

Al día siguiente, mezclar todos los ingredientes en el bol, reservando unos 30-40 g de la harina para más tarde. Mezclar hasta que quede una masa homogénea (1). Pasar la masa a la mesa y amasarla unos 5 minutos, hasta que esté muy fina (2).

Al reservar parte de la harina, la masa se amasa con facilidad. Cuando esté bien fina, incorporar el resto de la harina y amasar hasta que se absorba.

Refinar a rodillo estirando la masa hasta que mida 1 cm de grosor y plegar en tríptico antes de volver a estirar. Debido al amasado previo, tan solo habrá que dar unos cuatro o cinco pliegues para que esté dúctil y sedosa (3).

Bolear incorporando bien la tensión (4) y dejar fermentar sobre una tela durante 2 horas, dejándola sin tapar un rato, hasta que adquiera una finísima piel (no demasiada); evitar fermentarla con vapor.

Pasarla a una hoja de papel de hornear y dar cuatro cortes muy profundos, prácticamente hasta la base de la pieza. Los cortes van de extremo a extremo.

Fermentar aproximadamente 1 hora más y, cuando los lados se hayan abierto, repasar los cortes y enhornar.

Calentar el horno a 230 °C, calor arriba y abajo, sin vapor, y bajar a 210 °C nada más meter el pan.

Cocer unos 45 minutos.

Dejar reposar tapado con una tela hasta que se enfríe por completo.

---

1 Punto de humedad de la masa tras el mezclado habiendo reservado parte de la harina. | **2** Amasar 5 minutos sobre la mesa; la masa es blanda y se amasa con facilidad. | **3** Refinar dando unos cuatro pliegues. | **4** Bolear apretando bien e incorporando tensión. | **5** Dejar reposar sobre una tela y, tras 2 horas de fermentación, dar cortes muy profundos. | **6** Antes de enhornar, repasar los cortes y vaporizar la pieza. | **7** Miga del pan de cuatro cantos.

Ingredientes

Masa madre
(de la noche anterior)

65 g de harina panificable suave
(W130)

30 g de agua

5 g de masa madre de cultivo ya
refrescada

Masa final

100 g de masa madre

500 g de harina panificable suave
(W130)

250 g de agua

11 g de sal

1 g de levadura fresca

«Besaos»

Andalucía

Si los «besaos», en lugar de ser gaditanos, fueran de Japón o Francia, no habría publicaciones suficientes para hablar de la callada y silenciosa sofisticación de este pan. El «kilo cerrao», como también se le llama, se deposita en la suela del horno con la pala larga y gran pericia para poner docenas y docenas a la distancia justa para que, al crecer en el horno, se toquen formando una capa homogénea de corteza de galleta. Pero la magia viene al sacarlos del horno cuando, al despegarse el «beso», aparece la más delicada miga, suave como el algodón: magia candeal. Esta versión casera reproduce la magia en bollos pequeños, pero igualmente maravillosos y de miga sutil.

Método

Preparar la masa madre la noche anterior y fermentarla al menos 12 horas por encima de 20 °C (lo ideal es cerca de 25 °C).

Al día siguiente, mezclar todos los ingredientes en el bol hasta que quede una masa homogénea (1). Pasar la masa a la mesa y amasarla un par de minutos para que se cohesione (2).

Refinar a rodillo estirando la masa hasta que mida 1 cm de grosor y plegar en tríptico antes de volver a estirarla (3). Darle de diez a quince pliegues hasta que la masa esté dúctil y sedosa.

Dividir la masa en seis piezas iguales de cerca de 100 g.

Bolearlas bien prietas y dejarlas reposar un par de minutos (4). Formar bollitos alargados de unos 12-14 cm de longitud y colocarlos en una hoja de papel de hornear dejando un poquito más de 1 cm de espacio entre pieza y pieza (5).

Fermentar cerca de 3 horas, hasta que los bollitos se toquen y hayan crecido. No meterlos demasiado jóvenes.

Calentar el horno a 220 °C, calor arriba y abajo, sin vapor, y cocer unos 30 minutos (6).

Dejar reposar sobre una rejilla.

---

1 Punto de humedad de la masa tras el mezclado. | 2 Amasar un par de minutos sobre la mesa hasta que esté cohesionado. | 3 Refinar a rodillo plegando y estirando entre diez y quince veces. | 4 Dividir en seis piezas iguales y bolear bien prietas, antes de esperar un par de minutos y formar los bollitos. | 5 Colocar los bollitos en una hoja de papel de hornear con un poco más de 1 cm de separación. | 6 Cocer a 220 °C sin vapor. | 7 Al separar los besaos, aparece una miga delicada y sutil.

Masa madre
(de la noche anterior)

165 g de harina panificable suave (W130)

85 g de agua

0,4 g de levadura fresca (equivalente a dos lentejas)

Masa final

250 g de masa madre

400 g de harina panificable suave (W130)

200 g de agua

9 g de sal

Piña

Varias regiones

Una barra para pecar a pellizcos es una idea muy seductora y extendida; en lugares de las dos Castillas, Andalucía o Extremadura se ven familiares de esta barra llena de crujientes picos. Este pan tiene legiones de seguidores que lo conocen con multitud de nombres tan bonitos como cortadillo, picadilla o «picaíto», entre otros. En esta ocasión, como recurso técnico, la piña está fermentada únicamente con masa vieja, reciclaje ideal para una masa sobrante. La clave está en no enhornar la pieza demasiado joven.

Método

Preparar la masa madre la noche anterior y fermentarla al menos 12 horas por encima de 20 °C (lo ideal es cerca de 25 °C), o bien utilizar una masa vieja de pan.

Al día siguiente, mezclar todos los ingredientes en el bol hasta que quede una masa homogénea (1). Pasar la masa a la mesa y amasarla un par de minutos para que se cohesione (2).

Refinar a rodillo estirando la masa hasta que mida 1 cm de grosor y plegar en tríptico antes de volver a estirar (3). Darle de diez a quince pliegues hasta que la masa esté dúctil y sedosa.

Dividir la masa en dos piezas iguales.

Bolearlas bien prietas formando unos barrotes cortos (4). Dejarlas reposar 5 minutos cubiertas (para que no cojan piel) y estirar las barras hasta que midan unos 30-35 cm.

Cortar las piezas en rombos con profundos cortes hasta prácticamente la base de la masa (5)

Fermentar entre 3 horas y 3 horas y 30 minutos.

Antes de enhornar, pinchar los rombos de masa con una aguja (6) para evitar que se hagan burbujas y la pieza se hinche de forma incorrecta (a las malas, si esto sucede al comienzo de la cocción, se puede incluso pinchar la pieza entonces para evitar las burbujas).

Calentar el horno a 220 °C, calor arriba y abajo, sin vapor, y cocer unos 30 minutos.

Dejar reposar sobre una rejilla.

---

1 Punto de humedad de la masa tras el mezclado. | **2** Amasar un par de minutos sobre la mesa hasta que esté cohesionado. | **3** Refinar a rodillo plegando y estirando entre diez y quince veces. | **4** Formar pequeños barrotes de unos 15 cm antes de dejarlos reposar y estirarlos. | **5** Cortar la pieza en rombos con cortes muy profundos. | **6** Antes de enhornar, pinchar la pieza. | **7** Es irresistible comer la piña a pellizcos, arrancando los sabrosos picos.

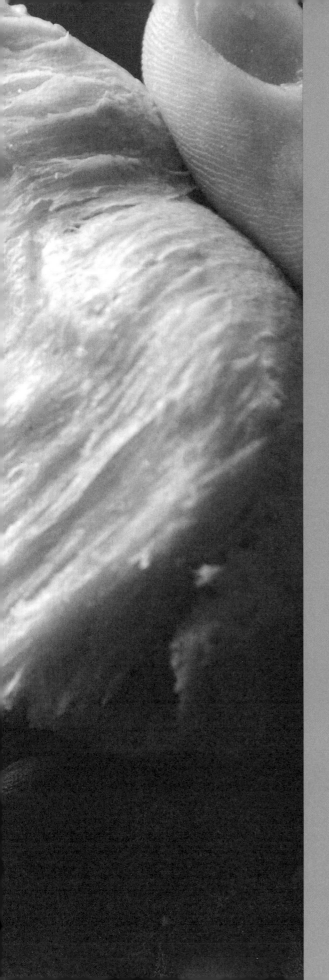

Panecillos

Un panecillo es un pequeño jardín del alma. Es un lugar al que acudimos en busca de consuelo cuando queremos disfrutar de un rato de placer sencillo, ya sea en el desayuno o en cualquier momento. Tal vez por ser un pan individual, el panecillo es una de las variedades a la que más cariño se profesa; para comprobarlo, basta con mencionar los bollos de los distintos lugares para comenzar encendidas discusiones.
Los panecillos contenidos en este capítulo hablan de historias íntimas de generaciones que los han amado desde las Baleares hasta Galicia, y de Sevilla a Valencia. Por si fuera poco, cada panecillo ofrece, además, curiosas y variadas soluciones técnicas.

Ingredientes

Masa madre

(entre 2 horas y 30 minutos y 3 horas antes)

50 g de harina panificable suave (W130)

25 g de agua

50 g de masa madre de cultivo sólida, ya refrescada (suave)

Masa final

125 g de masa madre

500 g de harina panificable suave (W130)

340-350 g de agua

25 g de manteca de cerdo

10 g de sal

2 g de levadura

---

1 Punto de humedad de la masa tras el mezclado. | 2 Amasar unos 5 minutos con amasado francés (o bien a pliegues y reposos). | 3 Textura de la masa tras el amasado, fina y lisa. | 4 Tras fermentar entre 2 horas y 30 minutos y 3 horas, pasar a la mesa. | 5 Bolear con la mínima tensión posible, apenas formando bolas sin fuerza. | 6 «Achancar» los molletes: bajarlos apretando suavemente con la mano. | 7 Miga del mollete, jugosa y tierna.

Mollete

Andalucía

El mollete no es un pan; es, en realidad, un universo de bollos de distintas zonas de Andalucía (e incluso de Extremadura), que tienen en común el ser panes planos de influencia árabe, tiernos y jugosísimos, que se suelen tostar como desayuno canónico. Hay eternas discusiones entre Antequera, Écija o Marchena (por citar algunas de las más famosas patrias del mollete) por ver dónde se hacen más ricos, y cada una aporta su punto especial. En esta receta utilizo masa madre de cultivo para dar un fondo de gusto, además de una manipulación muy suave para conservar la estructura. Un horno muy fuerte es todo lo que hace falta para acabar de obrar el milagro.

Método

Unas 2 o 3 horas antes de amasar, dar el último refresco a la masa madre, usando una madre ya activa, intentando terminar con una madre suave y delicada, sin apenas acidez.

Mezclar todos los ingredientes. Quedará una masa algo pegajosa (1). Nada más mezclarla, dejarla descansar 10 o 15 minutos en el bol tapado. Tras ese tiempo, la masa estará más cohesionada y no se pegará tanto.

Amasar usando el amasado francés durante 5 minutos (2) hasta que esté lisa y fina (3) (si no te apetece amasar, puedes emplear el sistema de pliegues y reposos del capítulo de técnicas).

Fermentar de 2 horas y 30 minutos a 3 horas y pasar la masa a la mesa bien enharinada (4).

Dividir en piezas de unos 120 g y formar muy someramente, de la forma más delicada posible, apenas creando saquitos de masa aportando la mínima tensión necesaria (5).

Pasar los molletes a una hoja de papel de hornear apretando un poco los lados para estirarlos y que queden un poco oblongos. Fermentar 1 hora.

Aplastarlos muy delicadamente con la palma de la mano («achancarlos») sin desgasificar mucho (6). Fermentar de 45 a 60 minutos más (sin prisa, que no entren cortos de fermentación), hasta que al apretar la masa con un dedo apenas vuelva.

Cocer de 10 a 12 minutos con el horno a 250 °C, calor arriba y abajo, sin vapor.

Dejar reposar en una rejilla hasta que se enfríen por completo.

Masa madre
(de la noche anterior)

135 g de harina panificable suave (W130)

65 g de agua

0,2 g de levadura fresca (equivalente a una lenteja)

Masa final

200 g de masa madre

400 g de harina panificable suave (W130)

180-200 g de agua

9 g de sal

1 g de levadura fresca

Bisaltico

Aragón

En Aragón, «bisalto» es el nombre que recibe el tirabeque, esa vaina verde de textura delicada y sabor dulzón. Paralelamente, es el mismo nombre que recibe este panecillo: bisaltico, en su delicioso diminutivo aragonés. Los bisaltos comparten forma con algunas roscas de Andalucía a Italia o Argentina, un aspecto festivo y una corteza llena de crujientes lóbulos. Posiblemente el nombre venga de la forma de vaina que toma la masa en el formado. Esta es una de las manifestaciones más septentrionales del candeal, en la zona de Zaragoza, donde recibe el nombre de «pan macerado» o «amacerado».

Método

Preparar la masa madre la noche anterior y fermentarla al menos 12 horas por encima de 20 °C (lo ideal es cerca de 25 °C).

Al día siguiente, mezclar todos los ingredientes en el bol hasta que quede una masa homogénea (1). Pasar la masa a la mesa y amasarla un par de minutos para que se cohesione (2).

Refinar a rodillo estirando la masa hasta que mida 1 cm de grosor y plegar en tríptico antes de volver a estirar (3). Darle de diez a doce pliegues hasta que la masa esté dúctil y sedosa (consulta el capítulo de técnicas).

Dividir la masa en porciones de 100 a 200 g, según el gusto.

Bolearlas con intensidad, dejar que reposen un par de minutos y formar barritas asegurándose de sellarlas bien (4). Estirar las barritas hasta que midan unos 15-20 cm y aplastarlas hasta que tengan una anchura de unos 4-5 cm. Doblarlas por la mitad longitudinalmente, como una vaina (5), y retorcerlas hasta formar una herradura.

Hacer cinco o seis cortes a lo largo del borde exterior de la herradura de masa (6).

Fermentar los bisaltos de 1 hora y 30 minutos a 2 horas (mejor que vayan cortos).

Si la masa está un poco pasada, se puede cortar el punto de unión que formaron los dos lados de la masa al plegarla para favorecer la apertura en el horno.

Calentar el horno a 240 °C, calor arriba y abajo, sin vapor. Cocer entre 10 y 12 minutos las piezas de 100-125 g y 15 minutos las piezas de 200 g.

Dejar reposar tapadas con una tela hasta que se enfríen por completo.

---

1 Punto de humedad de la masa tras el mezclado. | 2 Amasar un par de minutos hasta que la masa esté cohesionada. | 3 Refinar entre diez y doce veces hasta que la masa esté sedosa. | 4 Bolear, reposar y formar barritas de 15-20 cm. | 5 Aplastar las barritas y plegarlas sobre sí, dándoles forma de vaina. | 6 Dar unos cinco o seis cortes en el borde exterior de la herradura. | 7 Abriendo los lóbulos del bisalto.

Ingredientes

Masa madre
(de la noche anterior)

135 g de harina panificable
suave (W130)

65 g de agua

0,2 g de levadura fresca
(equivalente a una lenteja)

Masa final

200 g de masa madre

400 g de harina panificable suave
(W130)

180-200 g de agua

9 g de sal

1 g de levadura fresca

Bollo

Andalucía

El bollo de masa refinada es una institución andaluza, podríamos decir que es casi una pequeña deidad cotidiana. Lo mismo para tapas que para una carne con tomate, el humilde y ubicuo bollo tiene la miga perfecta para el unte y las «teticas» crujientes para el disfrute, como si fueran picos. En las panaderías se le suelen dar dos cortes a la masa, uno nada más formar y otro de repaso justo antes del horneado (como en algunos panes del capítulo de candeal). Para hacer más sencilla esta versión casera, he optado por dar un único corte justo antes del horno. Ver cómo se abren en el horno es una revelación.

Método

Preparar la masa madre la noche anterior y fermentarla al menos 12 horas por encima de 20 °C (lo ideal es cerca de 25 °C).

Al día siguiente, mezclar todos los ingredientes en el bol hasta que quede una masa homogénea (1). Pasar la masa a la mesa y amasarla un par de minutos para que se cohesione (2).

Refinar a rodillo estirando la masa hasta que mida 1 cm de grosor y plegar en tríptico antes de volver a estirar (3). Darle de diez a doce pliegues hasta que la masa esté dúctil y sedosa (consulta el capítulo de técnicas).

Dividir la masa en porciones de 100 a 200 g, según el gusto.

Bolearlas bien prietas y dejar que reposen un par de minutos.

Formar barritas, asegurándose de sellarlas bien (4). Al estirar las barritas, sacar punta a los extremos y finalmente apretar con el canto de las manos para crear una protuberancia en cada extremo (5).

Disponer los bollos en una hoja de papel de hornear previendo que crecerán. Las piezas pueden reposar destapadas al menos un rato, para que adquieran algo de piel (solamente un poco, algo delicado).

Fermentar de 2 a 2 horas y 30 minutos (mejor que vaya corto). Dar un corte de unos 3-5 mm de profundidad a lo largo del bollo (6).

Calentar el horno a 250 °C (si la pieza es grande, un poco menos), calor arriba y abajo, sin vapor. Cocer unos 10-12 minutos las piezas de 100-125 g y unos 15 minutos las piezas cercanas a 200 g.

Dejar reposar hasta que se enfríen por completo.

---

1. Punto de humedad de la masa tras el mezclado. | **2** Amasar un par de minutos hasta que la masa esté cohesionada. | **3** Refinar de diez a doce veces hasta que la masa esté sedosa. | **4** Bolear y formar barritas sellando de manera concienzuda y homogénea la base. | **5** Estirar las barritas afinando las puntas y dejando una pequeña protuberancia en cada extremo. | **6** Dar un corte de unos 3-5 mm de profundidad a lo largo de la pieza. | **7** Miga algodonosa del bollo.

Ingredientes

Masa madre

(de la noche anterior)

100 g de harina panificable suave (W180)

50 g de agua

0,2 g de levadura fresca (aproximadamente una lenteja)

Masa final

150 g de masa madre

500 g de harina panificable suave (W180)

285 g de agua

11 g de sal

2 g de levadura

Llonguet

Varias regiones

El llonguet es un humilde pan extraordinario. Con harina y agua se consigue una miga llena de hebras, como si fuera una masa enriquecida. La magia es obra de una concienzuda labor de plegado. Este trabajo hacía que el llonguet fuera una pieza delicada y cara. Además, el llonguet pertenece a esa familia de panes que entran los primeros al horno de leña con la función de aportar humedad para la cocción de las hogazas, de ahí su aspecto mate y seco. En el recuerdo de las generaciones mayores de catalanes y mallorquines hay un altar especial para el llonguet.

Método

Preparar la masa madre la noche anterior y fermentarla al menos 12 horas por encima de 20 °C (lo ideal es cerca de 25 °C).

Al día siguiente, mezclar todos los ingredientes en el bol hasta que quede una masa homogénea (1).

Amasar sobre la mesa de 5 a 10 minutos (2), hasta que esté lisa y fina.

Dejar reposar la masa unos 20 o 30 minutos.

Estirar la masa hasta que mida unos 50 x 10 cm y plegar la mitad hacia el centro (por el lado largo) incorporando tensión, como quien hace una barra de pan (3); plegar exactamente igual por el lado opuesto, hasta que quede la pieza sellada como una barra. Plegar la barra en tríptico (4) y volver a sellarla como una barra de pan.

Esperar entre 5 y 10 minutos para que se relaje y repetir la primera operación de cerrar como una barra, primero por un lado y luego por el otro, hasta acabar con un barrote de 20-30 cm de longitud. La longitud y grosor determinarán el tamaño final de los llonguets: para llonguets pequeños, hacerlo más largo; para grandes, hacerlo más corto y grueso.

Cortar rodajas de unos 2-3 cm de grosor y ponerlas a reposar en una tela enharinada y plegada apretándolas bien (5).

Fermentar entre 1 hora y 45 minutos y 2 horas y 15 minutos (mejor que entren cortos), pasarlos a una hoja de papel de hornear y darles un corte de 1 cm de profundidad por la mitad, a lo largo de la pieza (6).

Cocer de 10 a 15 minutos, según el tamaño, con el horno a 250 °C, calor arriba y abajo, sin vapor.

Dejar enfriar en una rejilla.

---

1 Punto de humedad de la masa tras el mezclado. | 2 Amasar unos 5 minutos sobre la mesa. | 3 Estirar la masa hasta que mida 50 cm y plegarla para enrollarla como una barra de pan. | 4 Plegarla en tríptico. | 5 Cortar rodajas de 2-3 cm de grosor. | 6 Dar un corte de 1 cm de profundidad a lo largo de la pieza. | 7 La miga del llonguet es pura hebra, elegante, delicada, hipnótica.

Ingredientes

Masa madre
(de la noche anterior)

100 g de harina panificable
(W180)

60 g de agua

0,2 g de levadura fresca
(equivalente a una lenteja)

Masa final

160 g de masa madre

500 g de harina panificable
(W180) ·

370-380 g de agua

11 g de sal

2 g de levadura

2 cucharaditas de postre de anís
en grano (matalahúva)

Mollete de alta hidratación con matalahúva, sin amasado

Andalucía

Este mollete tiene una miga jugosísima y un aroma inolvidable gracias al anís en grano (matalahúva). Para conseguir una miga tierna y muy abierta, aumentamos la hidratación de la masa, pero para que esto siga siendo asequible, emplearemos dos técnicas: amasado a pliegues y formado con una taza, una técnica extraordinaria en su sencillez. De esta manera solventamos dos de los puntos críticos de las masas hidratadas: no hay que amasar ni hay que saber formar. Cuando este mollete pasa por la tostadora el resultado es antológico.

Método

Preparar la masa madre la noche anterior y fermentarla al menos 12 horas por encima de 20 °C (lo ideal es cerca de 25 °C).

Al día siguiente, mezclar todos los ingredientes en el bol; la masa será muy pegajosa y blanda (1). Dejarla reposar entre 10 y 15 minutos para que se cohesione.

Amasar a pliegues con la mano mojada (2) (consulta el capítulo de técnicas).

Esperar entre 20 y 25 minutos y repetir el pliegue. Repetir esta operación de pliegue y reposos cuatro o cinco veces, hasta que la masa tenga algo de cuerpo y esté más fina; ya a partir del segundo o tercer pliegue, la masa se notará con mucho más cuerpo (3).

Fermentar entre 3 horas y 3 horas y 30 minutos.

Utilizar una tacita de café, de unos 100-150 ml de capacidad, a modo de pala (se puede saber su capacidad pesando el agua que cabe; los gramos equivaldrán a mililitros). Sumergir la taza en un bol con agua para que quede totalmente empapada y la masa no se le pegue; llenar la taza de masa, como si fuera una pala (4). Rápidamente, depositar la masa en una tabla con una cama de harina de 1 cm, para evitar que se pegue.

Espolvorear harina sobre los molletes y corregir su forma si es que no estuvieran más o menos circulares (5). Fermentar de 1 hora y 30 minutos a 2 horas y transferir con delicadeza a una hoja de papel de hornear (6). Antes de enhornarlos, aplastarlos ligeramente con la palma de la mano. Cocer de 8 a 10 minutos con el horno a 250 °C, calor arriba y abajo, sin vapor. Dejar enfriar en una rejilla.

---

1 Al mezclar se obtiene una masa extremadamente blanda y pegajosa. | **2** Plegar la masa con la mano mojada, estirando la masa del extremo y trayéndola al centro. | **3** Al cabo de dos o tres pliegues la masa empieza a tener más cuerpo. | **4** Usar una tacita empapada en agua para coger la masa, como si fuera con pala. | **5** Espolvorear los molletes y corregir su forma si fuera necesario. | **6** Transferirlos con delicadeza a una hoja de papel de hornear; se puede usar la rasqueta a modo de pala. | **7** La miga del mollete con anís es abierta, jugosísima e irregular.

Ingredientes

Masa madre
 (de la noche anterior)

100 g de harina panificable
 suave (W180)

50 g de agua

0,2 g de levadura fresca
 (aproximadamente algo más
 que una lenteja)

Masa final

150 g de masa madre

400 g de harina panificable suave
 (W180)

280 g de agua

9 g de sal

0,5 g de levadura
 (aproximadamente medio
 garbanzo)

Pataqueta

Comunidad Valenciana

La pataqueta es un panecillo con una curiosa forma arriñonada y es la protagonista de la merienda y el almuerzo de los recuerdos más felices de muchos valencianos (¡para quienes el almuerzo es algo muy serio!). Es un bollo tierno, de corteza fina, listo para abrirse y albergar clásicos como el blanc i negre (una maravilla con longaniza, morcilla y habas). Como muchos otros panecillos, se trata de un pan delicado, que se baja a mano antes del corte y que, en una casa, requerirá de un horno fuerte para conseguir un buen dorado y una corteza fina.

Método

Preparar la masa madre la noche anterior y fermentarla al menos 12 horas por encima de 20 °C (lo ideal es cerca de 25 °C).

Al día siguiente, mezclar todos los ingredientes en el bol hasta que quede una masa homogénea (1), será una masa un poco pegajosa al principio. Dejarla reposar entre 10 y 15 minutos.

Amasar usando el amasado francés entre 5 y 10 minutos (2), hasta que esté lisa y fina (también se puede amasar a pliegues; consultar el capítulo de técnicas).

Fermentar de 3 horas a 3 horas y 30 minutos.

Dividirla en cuatro porciones de algo más de 200 g y bolearlas muy someramente (3), incorporando tensión pero sin desgasificar demasiado. Dejarlas reposar 15 minutos.

Bolear levemente la bola aplastándola con suavidad para bajarla un poco. Con una rasqueta, hacer un corte que equivaldría al radio de la circunferencia que es la bola de masa; atravesar toda la masa al cortar (4).

Tirar de las dos puntas creadas en el corte hasta abrirlas 180° y que quede una media luna. Aplastar con la mano la mitad de la masa que no ha recibido el corte y, justo después, apretar con la rasqueta en la mitad de la pieza, marcando con fuerza pero sin cortar, mientras con la otra mano se apoya para poder apretar con la rasqueta (5).

Fermentar entre 1 hora y 45 minutos y 2 horas y 15 minutos. Antes de enhornar, dar un corte a lo largo de la marca que se hizo con la rasqueta (6).

Calentar el horno a 250 °C, arriba y abajo, sin vapor. Meter el pan y bajar a 230 °C; cocerlo 15 minutos.

Dejar enfriar en una rejilla.

1 Punto de humedad de la masa tras el mezclado. | **2** Amasar unos 5 o 10 minutos con amasado francés. | **3** Bolear muy suavemente, sin desgasificar. | **4** Dar un corte a través de la masa de la longitud del radio de la circunferencia de la bola. | **5** Abrir las puntas 180° y marcar, apretando con la rasqueta y la mano. | **6** Cortar a lo largo de la pieza donde antes estaba el marcado. | **7** Miga de la pataqueta.

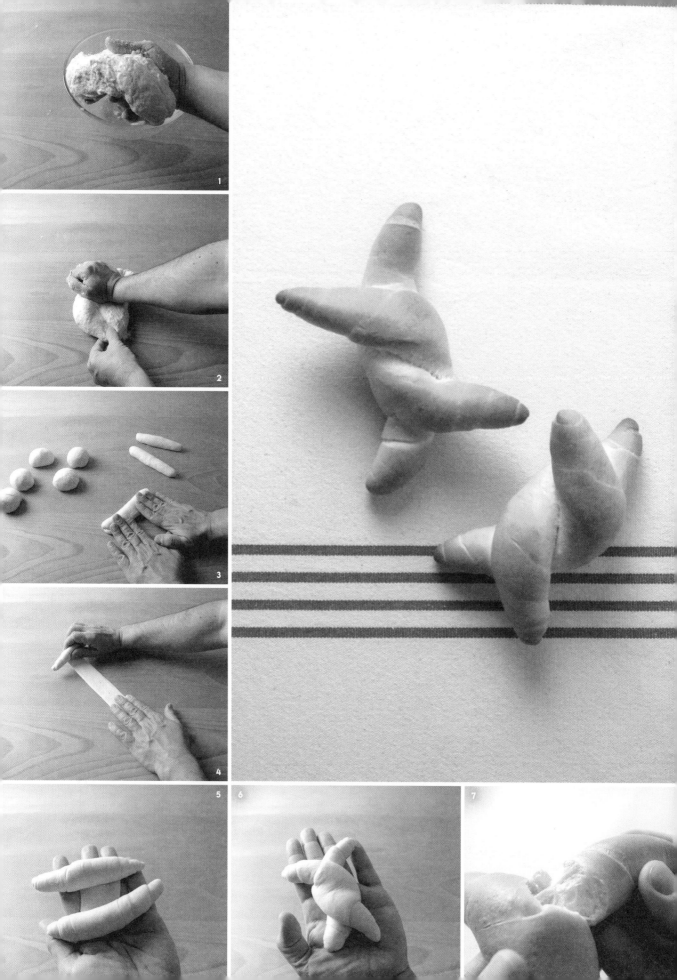

Ingredientes

Masa madre
(de la noche anterior)

100 g de harina panificable suave (W180)

50 g de agua

0,2 g de levadura fresca (aproximadamente una lenteja)

Masa final

150 g de masa madre

420 g de harina panificable suave (W180)

200 g de agua

40 g de manteca de cerdo

9 g de sal

2 g de levadura

Cornecho
Varias regiones

El cornecho es un panecillo de miga densa y una corteza que es brillante y deliciosa gracias a una hidratación baja y una parte de manteca de cerdo. Un habilidoso formado le confiere cuatro puntas (el sueño de todo amante del currusco) y una forma simbólica presente en muchas culturas del pan. Hoy en día sobrevive principalmente en Galicia, aunque se ha dado en otras zonas. Tradicionalmente era una pieza de capricho, tanto para momentos especiales como para dársela a los niños. El correcto formado requiere de práctica y una mano firme, pero el resultado bien lo merece. Para hacer esta versión más asequible utilizaremos un rodillo.

Método

Preparar la masa madre la noche anterior y fermentarla al menos 12 horas por encima de 20 °C (lo ideal es cerca de 25 °C).

Al día siguiente, mezclar todos los ingredientes en el bol hasta que quede una masa homogénea algo seca (1).

Amasar sobre la mesa durante 5 o 10 minutos (2), hasta que esté lisa y fina.

Fermentar de 1 hora a 1 hora y 30 minutos.

Dividir la masa en porciones de unos 100 g, bolearlas bien firmes, esperar 5 minutos y formarlas en barritas de unos 15 cm (3).

Con un rodillo, estirar la barrita de masa hasta unos 50 cm de largo.

Mientras con una mano se sostiene la masa, con la otra se enrolla la cinta al tiempo que se estira para dar tensión al rollo que se va formando, hasta llegar a la mitad de la cinta de masa (4).

Según se enrolla, es importante que se vaya apretando y ensanchando, pero sin sacarle puntas (ya que se quemarían en el horno).

Hacer lo mismo con la otra mitad de la cinta hasta tener dos rollos de unos 10-15 cm de ancho (5).

Girar 90° uno de los rulos de masa y cruzarlo como una equis sobre el otro (6). Dejarlos reposar sobre una hoja de papel de hornear con el «caparazón» hacia arriba (en la posición de la foto 6).

Fermentar entre 1 hora y 15 minutos y 1 hora y 45 minutos.

Girar las piezas sobre una hoja de papel de hornear, vaporizarlas abundantemente y cocerlas de 12 a 15 minutos con el horno a 250 °C, calor arriba y abajo, sin vapor.

Dejar enfriar en una rejilla.

---

1 Punto de humedad de la masa tras el mezclado. | 2 Amasar unos 5 minutos sobre la mesa. | 3 Bolear y formar barritas de unos 15 cm de largo. | 4 Estirar la barrita a rodillo hasta que mida 50 cm de largo y enrollarla hasta la mitad. | 5 Enrollar la otra mitad hasta tener dos rulos de unos 10-15 cm de ancho. | 6 Girar 90° uno de los rulos y cruzarlo sobre el otro como una equis. | 7 La delicada corteza del cornecho y su no menos delicada miga.

Otros cereales

La mayoría de los cereales de este capítulo han sido considerados tradicionalmente «de segunda», ya que no podían competir con la blancura y finura del trigo. Para mucha gente mayor, algunos evocan recuerdos de tiempos de escasez o de una vida pretérita en el campo, con pocas cosas, pero con mucho sabor. Este capítulo trata precisamente del sabor, de cómo el ingenio panadero ha conseguido crear monumentos al pan, llenos de suculencia y de gusto, con cereales humildes. Tal vez por eso, en este capítulo es especialmente llamativa la gran variedad de técnicas, desde el mezclado hasta la cocción. De hecho, muchos de estos panes son comida en sí, no un acompañamiento, sino el centro de un ágape memorable.

Ingredientes

Masa madre (entre 2 horas y 30 minutos y 3 horas antes)

120 g de harina clara molida a la piedra (T80)

70 g de agua tibia

120 g de masa madre de cultivo sólida, ya refrescada

Masa final

310 g de masa madre

400 g de harina clara molida a la piedra (T80)

200 g de harina de centeno clara molida a la piedra (T80)

150 g de harina integral de centeno molida a la piedra

50 g de harina de cebada, avena, alforfón, trigo duro, etc.

730-780 g de agua*

7 g de sal

*Las harinas molidas a la piedra, especialmente las integrales, pueden variar mucho en su capacidad de absorber agua; las fotos en las que se ve la textura de la masa dan una mejor idea que la cifra en gramos.

---

1 Punto de humedad de la masa tras el mezclado. | 2 Amasar a pliegues estirando y plegando. | 3 Masa en la mesa tras la primera fermentación: hinchada pero con cuerpo. | 4 Bolear delicadamente sobre una superficie enharinada. | 5 Masa dentro de un bol forrado con una tela muy enharinada, ya fermentada y lista para el horno. | 6 Volcar la masa sobre una hoja de papel de hornear y enhornar sin cortar. | 7 Miga del pan de morcajo, oscura y aromática.

Pan de morcajo, sin amasado

Varias regiones

Morcajo, comuña, tranquilón, mestall, méteil, maslin: muchas culturas panaderas tienen un nombre para la mezcla de trigo, centeno y otros cereales (e incluso legumbres) que se empleaba en otros tiempos como pan de diario, cuando no todo el mundo podía permitirse comer pan blanco. Esta versión trata de recuperar ese espíritu del pan rústico usando solo harina molida a la piedra, masa madre de cultivo y una cantidad reducida de sal, como era común hace siglos (además de añadir agua para «estirar» el cereal). Aunque antaño este era un pan de segunda, hoy en día, con buenas harinas y una buena técnica, podemos disfrutar de su sabor y de una textura profunda y satisfactoria.

Método

Unas dos o tres horas antes de amasar, dar el último refresco a la masa madre con una masa madre ya activa e intentando terminar con una no muy ácida.

Mezclar todos los ingredientes. Quedará una masa bastante pegajosa (1). Nada más acabar de mezclarla, dejarla descansar 10 o 15 minutos en el bol tapado. Tras ese tiempo, la masa no se pegará tanto.

Amasar a pliegues (2): dar tres o cuatro pliegues separados cada uno por 20 o 30 minutos de reposo. Tras el último pliegue, dejar fermentar durante aproximadamente 1 hora y 30 minutos (también se puede amasar de corrido o con amasadora; en ese caso hay que sumar el tiempo de fermentación al tiempo que hubiera pasado entre pliegues).

Volcar la masa sobre la mesa enharinada (3), bolearla delicadamente (4) y colocarla dentro de un bol forrado con un trapo bien enharinado, de forma que quede la base mirando hacia arriba y la parte lisa en contacto con la tela.

Dejar fermentar entre 3 horas y 3 horas y 30 minutos (5) y volcar la pieza sobre una hoja de papel de hornear.

Cocerla con el horno a 250 °C, calor solo abajo, y con una bandeja metálica en la base del horno; echar 200 ml de agua caliente en la bandeja al comenzar la cocción. Tras 15 minutos, retirar la bandeja con agua y continuar otros 60 minutos a 200 °C, hasta completar 1 hora y 15 minutos de cocción total.

Dejar reposar el pan en una rejilla hasta que se enfríe por completo.

Ingredientes

Masa madre (entre 2 horas y 30 minutos y 3 horas antes)

180 g de harina de trigo clara molida a la piedra (T80)

100 g de agua tibia

180 g de masa madre de cultivo sólida, ya refrescada

Masa final

460 g de masa madre

700 g de harina de centeno clara molida a la piedra (T80)

650-700 g de agua*

20 g de sal

*Las harinas de centeno pueden variar mucho en su capacidad de absorber agua; las fotos en las que se ve la textura de la masa dan una mejor idea que la cifra en gramos.

---

1 Punto de humedad de la masa tras el mezclado. | 2 Tras el reposo, al volcar la masa sobre la mesa, ya estará más cohesionada. | 3 Incorporar tensión compactando la masa. | 4 Bolear con firmeza y con la ayuda de harina, ya que es una masa pegajosa. | 5 Colocar la masa en un bol forrado con un trapo muy enharinado. | 6 Volcar la masa sobre la mesa y dejarla unos minutos para que se abra un poco. | 7 Miga del pan de centeno.

Pan de centeno

Varias regiones

El trigo es el señorito de los campos y las mesas; es delicado de cultivar y produce un pan fino que desde antiguo se ha asociado con el lujo y la sofisticación. El centeno, por el contrario, es el patito feo de los cereales; un pan de segunda que se ha comido a menudo más por necesidad que por placer. Grandes hogazas de centeno como esta han sido el pan de diario en muchas zonas. En el noroeste aún se encuentran con facilidad; en otros lugares, como en Aragón, sobrevive solamente en la memoria de los mayores, que lo llamaban «toña» (nombre que comparte con un pan dulce en Alicante). Como opción, en días de fiesta, se le pueden añadir pasas, nueces u otros frutos secos. Un viejo pan muy contemporáneo.

Método

Unas 2 o 3 horas antes de amasar, dar el último refresco a la masa madre con una masa madre ya activa e intentando terminar con una no muy ácida.

Mezclar todos los ingredientes en un bol, apretujando la masa y desgarrándola como si fuera barro, hasta que todo esté completamente homogéneo. La textura será casi como la del barro espeso (1).

Dejar reposar 20 minutos para que se cohesione.

Pasar la masa a la mesa muy enharinada y bolearla plegándola con delicadeza, ya que tenderá a romperse (2). Se trata de ir incorporando tensión, compactando la masa como cuando se hace un castillo de arena en la playa con arena mojada (3).

Bolear otra vez la masa (4) y colocarla en un bol forrado con un trapo bien enharinado (5).

Dejar fermentar entre 2 horas y 45 minutos y 3 horas y 15 minutos, y volcar la pieza sobre una hoja de papel de hornear. Dejar que la masa caiga durante 1 o 2 minutos para que se acomode en la hoja de papel y se abra un poco (6).

Cocer con el horno a 250 °C, calor arriba y abajo, con una bandeja metálica en la base del horno; echar 100 ml de agua caliente en la bandeja al comenzar la cocción. Tras 5 minutos, retirar la bandeja con agua y continuar otros 70 minutos a 200 °C, hasta completar 1 hora y 15 minutos de cocción total.

Dejar reposar por lo menos un día, con el pan envuelto en un paño cuando ya esté frío.

*Las harinas de maíz molidas a la
piedra pueden variar mucho en su capacidad de absorber agua; las fotos en
las que se ve la textura de la masa dan
una mejor idea que la cifra en gramos.

Talo

Varias regiones

*Uno de los primeros panes de la humanidad fue la torta plana, ácima
(sin fermentar) y cocida sobre una piedra caliente o entre brasas. Gentes
sin contacto entre sí la elaboraron allá donde hubo algo que moler; en un
comienzo, posiblemente con frutos, castañas y bellotas; posteriormente,
con cereales. El talo, talu o torto aún sigue siendo popular en el norte, de
Navarra a Asturias. En Cantabria y Asturias hoy en día es más común
encontrarlo frito, aunque en un origen se haría también sobre ascuas o en
una plancha, como los talos (curiosamente, en Cantabria la plancha sobre
la que se hacían los tortos se llamaba «talu»). Los tortos suelen ser más
pequeños y gruesos; los talos, más delgados. Se suelen tomar rellenos de
chistorra o panceta, o simplemente como sopas en leche caliente.*

Método

Mezclar la harina y la sal. Añadir el agua caliente a la harina poco a poco,
mezclando para que se incorpore todo (1) y quede una masa firme pero
no seca (corregir con más agua si fuera necesario). La masa será pegajosa en un comienzo (2). Si no se pega a las manos, probablemente esté
demasiado seca. Es preciso trabajarla con las manos para que se afine.

En caliente, hacer bolas de unos 100-120 g de masa (3).

Según la tradición, estas se forman sobre una pala de madera redonda
(talo-ohol o talo-pala), pero se pueden hacer perfectamente sobre la
mesa.

Espolvorear harina en la madera y sobre la masa, bajar la masa a golpe-
citos (4); hay que dar muchos, muy suaves y continuos, hasta tener una
torta fina, de unos 2 mm de grosor (5).

Lo crucial del gesto es ir golpeando la masa y rotándola al mismo tiempo, evitando así que se pegue a la madera. Se debe espolvorear con harina a cada poco para evitar que se pegue y el talo pueda así rotar encima
de la madera.

Un truco para saber si el talo es fino consiste en soplar bajo este: si la
masa «vuela», está bien.

Hacer a la plancha o en la sartén a fuego fuerte. Primero por una cara 1
minuto (para que se selle) y luego por la otra. Cuando se ha hecho correctamente, el talo se hincha en la sartén tras haberle dado la vuelta (6).

1 Mezclar harina y agua, corrigiendo
con más agua si fuera necesario.| 2 Tex-
tura de la masa: ha de pegarse algo a la
mano. | 3 En caliente, hacer bolas de
masa. | 4 Aplanarlas a golpecitos sobre
la mesa o una pala de madera. | 5 Gol-
pear y girar continuamente hasta que
mida unos 2 mm de grosor. | 6 Un talo
bien hecho se hincha en la plancha o
sartén. | 7 Al plegar el talo, aparecen las
capas abiertas.

Ingredientes

200 g de harina de maíz molida a la piedra

200 g de harina de trigo panificable suave o repostera

400-450 g de agua*

50 g de aceite de oliva

5 g de sal

*Las harinas de maíz molidas a la piedra pueden variar mucho en su capacidad de absorber agua; las fotos en las que se ve la textura de la masa dan una mejor idea que la cifra en gramos.

Coca de dacsa (o a la calfó)

Comunidad Valenciana

El uso del maíz en el norte mantiene su importancia y es una parte esencial de los recuerdos de generaciones aún vivas, que se han alimentado de maíz en épocas difíciles, como demuestran algunos panes de este capítulo. De hecho, desde su llegada de América, el maíz se extendió por los recetarios y los usos de toda la Península, del Cantábrico a los Pirineos o el Mediterráneo. Entre los muchos nombres que el maíz tomó a su llegada está «dacsa», el nombre que los moriscos daban al sorgo, muy apreciado en la zona de Levante. En las valencianas comarcas de la Safor y Marina Alta aún se encuentran estas tortitas de maíz, aunque hoy en día lo más común es que se elaboren con una mezcla escaldada de trigo y maíz enriquecida con aceite, a veces con cebolla. Son un clásico con rellenos salados de pescado y verduras, y la tradición asocia su consumo a los días fríos y lluviosos.

Método

Mezclar en un cazo el agua, el aceite y la sal.

Llevar el líquido a ebullición y añadir la mezcla de harinas, revolviendo hasta que se mezclen bien (1).

Amasar la masa en el cazo con un cucharón o bien en el bol o sobre la mesa con una rasqueta, intentando hacerlo rápido para que la masa no se enfríe (2).

En caliente, hacer bolas de unos 50-60 g de peso (3).

Aplanar las bolas de masa aplastándolas entre dos hojas de papel de hornear (4). Se pueden aplastar con un rodillo o bien haciendo presión con una tabla gruesa, hasta que midan aproximadamente 1-2 mm de grosor (5).

Untar una sartén con un poco de aceite y cocerlas a fuego fuerte (6), 1 minuto por cada lado, hasta que esté bien cocida la masa (le suelen salir unas marcas tostadas en la superficie).

1 Mezclar las harinas con el agua hirviendo. | 2 Amasar la masa, ya sea en el cazo o sobre la mesa. | 3 En caliente, hacer bolas de unos 50-60 g. | 4 Aplanarlas entre dos hojas de papel de hornear aplastándolas con el rodillo o una tabla. | 5 Aplastarlas hasta que la coca mida aproximadamente 1-2 mm de grosor. | 6 Cocerlas en la sartén untada con un poco de aceite. | 7 Superficie amarillenta y brillante de una coca de dacsa.

Ingredientes

600 g de harina de maíz molida a la piedra

500-530 g de agua caliente*

10 g de sal

Hoja de berza o repollo

*Las harinas de maíz molidas a la piedra pueden variar mucho en su capacidad de absorber agua; las fotos en las que se ve la textura de la masa dan una mejor idea que la cifra en gramos.

Artoa, artopila o borona

Varias regiones

cuando el maíz llegó de américa, le robó al mijo su nombre en los distintos idiomas peninsulares; así, pasó a llamarse borona, millo, artoa, panizo o panís, entre otros (curiosamente, el mijo original se vio relegado a denominarse «pequeño»: millo miúdo *o* artotxiki *en gallego y euskera). paralelamente, el maíz también ocupó el espacio del mijo en muchas recetas y algunas tortas de mijo pasaron a elaborarse con maíz. en este sentido, el maíz nos sirve de fascinante medio de investigación de los antiguos usos del mijo y de otros granos, pues algunos de los formatos y técnicas son sin duda milenarios. cocer una gruesa torta ácima de maíz envuelta en hojas de repollo o castaño sobre las brasas o la chapa de la cocina produce un denso pan, arcaico y ancestral. Es habitual cortar este pan en pequeñas lascas, como si fuera un queso, y se pueden comer acompañando embutidos o quesos, o bien dejarlas en remojo en leche toda la noche y tomarlas por la mañana tras calentar la leche hasta conseguir un plato nutritivo y de sabor dulce y reconfortante: las sopas de borona o arto-zopak.*

Método

Calentar el agua de manera que queme pero que no llegue a hervir.

Añadir el agua a la harina y la sal y remover hasta que se incorpore todo (1) y quede una masa firme pero no seca (2).

Dejar reposar media hora y volver a amasar hasta formar una bola de masa uniforme (3).

Colocar la bola sobre una hoja de berza (4), repollo, castaño, etc.

Aplanar la masa hasta que mida unos 5-7 cm de grosor (5).

Vaporizar o pincelar con agua la superficie de la pieza y meterla al horno.

Cocer con el horno a 190-200 °C, calor arriba y abajo, sin vapor, entre 1 hora y 10 minutos y 1 hora y 30 minutos.

Dejar enfriar por completo antes de abrirlo.

---

1 Mezclar la harina con el agua caliente. | **2** Textura de la masa: húmeda pero con cuerpo. | **3** Hay que trabajar la masa para que quede fina. | **4** Colocar la masa sobre una hoja de berza, repollo o castaño. | **5** Aplastarla hasta que mida unos 5-7 cm de grosor. | **6** La hoja de repollo o berza da un aroma amargo y profundo. | **7** Lascas de la artoa o pan de borona.

Ingredientes

1.000 g de harina de maíz molida a la piedra

850-900 g de agua caliente*

500 g de chorizos (o sabadiegos, etc.)

500 g de panceta (o lomo, lacón, jamón, etc.)

20 g de sal

4-8 hojas de berza, repollo, col, etc.

*Las harinas de maíz molidas a la piedra pueden variar mucho en su capacidad de absorber agua; las fotos en las que se ve la textura de la masa dan una mejor idea que la cifra en gramos.

1 Mezclar la harina con el agua y la sal removiendo enérgicamente. | 2 Textura de la masa tras el mezclado. | 3 Forrar con hojas de berza o repollo una cazuela o molde redondo de unos 26-30 cm de diámetro y colocar una capa de 1-2 cm de masa | 4 Colocar una capa de embutido y rellenar los huecos con masa. | 5 Colocar otra capa de embutido y acabar con una capa de masa. | 6 Cerrar las hojas de berza y voltearla sobre una hoja de papel de hornear, de modo que las hojas que cerraban queden aplastadas. | 7 Miga jugosa de la boroña ofreciendo todo su relleno mágico.

Boroña preñada

Asturias

La borona o boroña, el denso pan de maíz (mijo en un origen), ha sido para muchas generaciones el pan de diario, que se ha elaborado en todo el norte con distintas variantes. La boroña preñada es un pan festivo, de celebración, que contiene en el interior productos de la matanza: chorizos, tocino, lomo, jamón, lacón, sabadiegos, etc. Abrir una boroña preñada es un espectáculo digno de ver y oler, al igual que lo es su cocción, envuelta en hojas de berza, repollo o castaño. Esta forma de cocer el pan nos habla de técnicas ancestrales de cocción bajo las brasas. En Asturias aún se conservan algunas elaboraciones de masas similares, envueltas en hojas y cocidas largo tiempo sin horno, directamente bajo las brasas del hogar o llar. Morder estos panes es morder un pedazo de historia.

Método

Mezclar la harina con la sal y añadirle el agua caliente (1) hasta formar una masa densa pero no seca (2). Dejarla reposar varias horas (se puede hacer de víspera y dejarla al fresco).

Al día siguiente, preparar las hojas de berza o repollo: lavarlas bien y rebajar los nervios demasiado gordos si los tuviera.

Colocar las hojas de berza o repollo formando una cruz en la base de una cazuela o de un molde redondo de unos 25-30 cm de diámetro, de manera que por los lados sobresalga bastante parte de la hoja (para poder cerrarla después). La cazuela ayudará a dar forma a la boroña.

Disponer una capa de 1-2 cm de masa (3) y colocar los chorizos, la panceta, etc. (4). Rellenar con más masa los huecos entre los trozos de relleno. Volver a colocar otra capa de embutido y acabar finalmente con una última capa de masa (5).

Plegar las hojas cerrando la boroña. Dar la vuelta a la cazuela sobre una hoja de papel de hornear, de modo que la boroña caiga y el lugar donde se encontraron las hojas quede sellado (6).

Cocer con el horno a 170 °C, calor arriba y abajo, sin vapor, durante al menos 5 horas.

Se puede comer caliente o bien dejarla reposar unas horas y comerla aún tibia.

Ingredientes

Masa madre
(de la noche anterior)

220 g de harina panificable (W180)

110 g de agua tibia

10 g de masa madre de cultivo sólida, ya refrescada

Masa final

340 g de masa madre

525 g de harina de maíz molida a la piedra

210 g de harina de centeno integral

130 g de harina panificable (W180)

800-875 g de agua*

17 g de sal

Opcional

hojas de berza o repollo para forrar las paredes del molde

* Las harinas de maíz molidas a la piedra pueden variar mucho en su capacidad de absorber agua; las fotos en las que se ve la textura de la masa dan una mejor idea que la cifra en gramos.

---

1 Escaldar la harina y mezclarla hasta que quede homogénea. | 2 Punto de humedad de la masa final, como un barro espeso. | 3 Enaceitar y enharinar un molde redondo de bizcocho de unos 26-30 cm de diámetro y llenarlo de masa. | 4 Llenar el molde hasta unos 3 cm por debajo del borde, espolvorear con harina y aplastar. | 5 Hornear cuando la masa sobresalga 2-3 cm por encima del borde. | 6 La corteza agrietada de la broa, con partes tostadas. | 7 Miga de la broa o pan de millo.

Broa o pan de millo

Galicia

Desde su llegada de América, el maíz se adaptó perfectamente a las tierras y el clima del norte, donde ha constituido un cereal esencial, a menudo protagonista del pan en compañía de centeno o trigo, aunque estos en mucha menor cantidad. Esto dio origen a uno de los panes más espectaculares que se pueden encontrar en España y Portugal, la broa o pan de millo. No es difícil encontrar mastodónticas hogazas de más de 20 kg cocidas en latas tradicionales forradas con hojas de berzas, que aportan un sabor levemente amargo que combina a la perfección con el dulzor del maíz, la acidez de la masa madre y el sabor tostado de la gruesa corteza agrietada. Este increíble pan consigue, con cereales «de segunda», unos sabores memorables y una textura jugosa y densa.

Método

Preparar la masa madre la noche anterior y fermentarla al menos 12 horas por encima de 20 °C (lo ideal es cerca de 25 °C).

Escaldar la harina de maíz usando aproximadamente 750 g de agua muy caliente, casi hirviendo (1). Dejarla enfriar (se puede hacer también en la víspera).

Al día siguiente, mezclar todos los ingredientes. La textura será muy pegajosa, casi como el barro (2).

Asegurarse de mezclarlo todo bien, deshaciendo la masa madre para que se integre por completo. Dejar reposar la masa 10 minutos y volver a mezclarlo todo vigorosamente.

Untar de aceite un molde redondo de bizcocho de unos 30 cm de diámetro y espolvorearlo con harina. Volcar la masa en el molde (3); la idea es que llegue unos 3 cm por debajo del borde (4).

Dejar fermentar entre 2 horas y 30 minutos y 3 horas, hasta que la masa sobresalga 2-3 cm por encima del borde (4).

Cocer con el horno a 250 °C, calor solo abajo, con una bandeja metálica en la base del horno; echar 200 ml de agua caliente en la bandeja al comenzar la cocción. Tras 10 minutos, retirar la bandeja con agua y continuar 1 hora y 30 minutos a 200 °C, calor arriba y abajo.

Desmoldar y dejar enfriar en una rejilla. Es un pan que está mejor bien asentado por sus ingredientes, cantidad de agua y proceso.

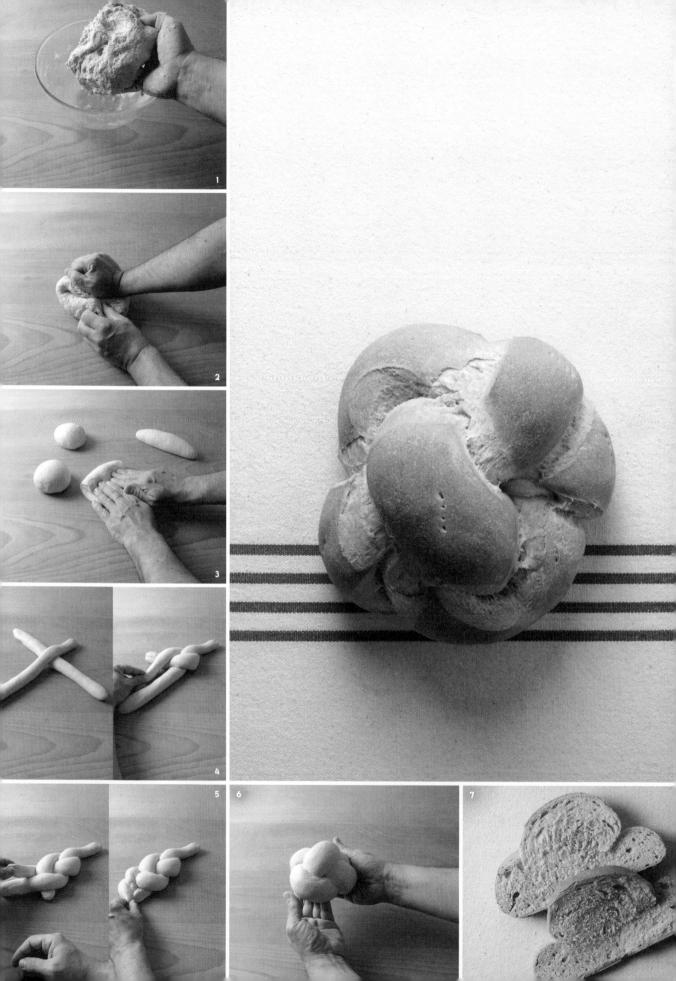

1

2

3

4

5

6

7

Pan de escanda

Asturias

Asturias es uno de los lugares de Europa donde la escanda (también lla-mada espelta) arraigó con fuerza desde antiguo: su adaptación a terrenos pobres y montañosos y al clima asturiano hizo que ocupara un lugar espe-cial en su tradición panadera. Allí se suelen diferenciar dos variedades, la fisga (T. spelta) y la povía (T. dicoccum); la primera es la más utilizada y la segunda, la más arcaica. Con escanda se hacen panes, roscas, inmensas hogazas de lenta cocción bajo brasas y también esta clásica forma anuda-da, con una masa elaborada con leche y de textura densa y jugosa.

Método

Preparar la masa madre la noche anterior y dejarla fermentar al menos 12 horas por encima de 20 °C (lo ideal es cerca de 25 °C).

Al día siguiente, mezclar todos los ingredientes. La masa ha de quedar poco pegajosa y con una consistencia algo firme (1).

Tras dejarla descansar 10 o 15 minutos en el bol tapado, amasarla so-bre la mesa dándole apenas diez o quince amasados (2). Dejarla repo-sar 10 minutos más y repetir los diez amasados. Darle un total de tres o cuatro tandas de microamasados y reposos.

Dejarla fermentar durante aproximadamente 3 horas más.

Dividir la masa en cuatro porciones iguales; bolearla y dejarla reposar 5 minutos. Formar barritas y dejarlas reposar 5 minutos antes de esti-rarlas (3). Estirar cada barrita hasta que mida unos 40 cm de largo.

Trenzar las barritas de dos en dos, comenzando con una encima de la otra en forma de equis y siguiendo los pasos que marcan las fotos (4 y 5).

Coger la trenza con las dos manos y esconder los extremos en la parte inferior hasta formar una bola (6). Dejarla fermentar sobre una tela en-harinada durante 1 hora o 1 hora y 30 minutos.

Antes de enhornarlas, pinchar la masa con un tenedor en varios lóbu-los de la trenza.

Cocer con el horno a 230 °C, calor arriba y abajo, con una bandeja me-tálica en la base del horno; echar 100 ml de agua caliente en la bandeja al comenzar la cocción. Tras 10 minutos, retirar la bandeja con agua y continuar otros 30 minutos a 200 °C, calor arriba y abajo.

Dejar enfriar en una rejilla.

1 Punto de humedad de la masa tras el mezclado. | 2 Amasar sobre la mesa a tandas de microamasados. | 3 Dividir en cuatro partes iguales, bolear y formar barritas. | 4 Estirar las barras hasta que midan unos 40 cm y comenzar a trenzar desde una equis. | 5 Trenzar hasta aca-bar la masa. | 6 Sostener la trenza con ambas manos por los extremos y escon-der las puntas debajo hasta formar una bola. | 7 Miga del pan de escanda.

Ingredientes

Masa madre
(de la noche anterior)

100 g de harina de trigo duro
(«recia»)

65 g de agua tibia

5 g de masa madre de cultivo
sólida, ya refrescada

Masa final

165 g de masa madre

400 g de harina de trigo duro,
«recia», molida a la piedra

100 g de harina panificable
(W180)

410-425 g de agua*

11 g de sal

1 g de levadura (aproximadamente un garbanzo)

*Las distintas harinas de trigo duro
pueden variar mucho en su capacidad
de absorber agua; las fotos en las que
se ve la textura de la masa dan una
mejor idea que la cifra en gramos.

1 Punto de humedad de la masa tras el
mezclado. | 2 Amasar sobre la mesa a
tandas de microamasados. | 3 Desga-
sificar tras la fermentación y bolear. |
4 A partir de la bola relajada, formar
un barrote. | 5 Acabar de formar el
barrote dándole tensión. | 6 Si solo se
hace un pan, utilizar algún objeto para
darles soporte a los lados. | 7 Miga del
pan macho.

Pan macho

Andalucía

El trigo duro (T. durum) *es una constante en muchos obradores de Málaga y Cádiz, donde aún se elaboran hogazas densas y de miga oscura con
nombres como «pan moreno», «cateo» o «macho», como en este caso en
la zona de Tarifa. Es hermoso que en el punto donde Europa se encuentra
con África se siga panificando con uno de los trigos más populares a lo largo de la historia en ambas orillas del Mediterráneo. Este antiguo cereal,
abuelo del trigo panadero, produce panes de una miga amarillenta y jugosa, muy distinta a la de los blancos panes castellanos, pero de un sabor
dulce antológico que alcanza el regusto a maíz tostado en su corteza dorada.*

Método

Preparar la masa madre la noche anterior y dejarla fermentar al menos
12 horas por encima de 20 °C (lo ideal es cerca de 25 °C).

Al día siguiente, mezclar todos los ingredientes. El trigo duro absorbe
mucha agua, pero hay que incorporarla con cautela, ya que es fácil pa-
sarse. La textura será ligeramente pegajosa (1).

Nada más mezclarla, dejarla descansar 10 o 15 minutos en el bol tapado.
Tras ese tiempo, la masa estará más cohesionada y no se pegará tanto.

Amasar sobre la mesa dándole apenas diez amasados (2). Dejarla reposar 10 minutos y repetir los diez amasados. Darle un total de cuatro tandas de microamasados y reposos (se puede amasar de corrido, sumando
a la fermentación el tiempo que hubiera pasado entre los reposos).

Dejarla fermentar durante aproximadamente 1 hora y 30 minutos o
2 horas, y pasarla a la mesa enharinada.

Bolearla desgasificando (3) y dejarla reposar 5 minutos. Formar un barrote (4 y 5) y ponerla a fermentar sobre una tela bien enharinada con
algo que le sirva de apoyo en los lados (6).

Dejarla fermentar entre 1 hora y 30 minutos y 2 horas; es mejor que
vaya un poco justo para que se abra bien.

Cocer con el horno a 250 °C, calor solo abajo, con una bandeja metálica
en la base del horno; echar 300 ml de agua caliente en la bandeja al comenzar la cocción. Tras 20 minutos, retirar la bandeja con agua y continuar otros 45 minutos a 200 °C, calor arriba y abajo, hasta tener un
dorado intenso.

Dejar enfriar en una rejilla.

Masa madre

(de la noche anterior)

130 g de harina de trigo duro molida a la piedra («recia»)

65 g de agua tibia

5 g de masa madre de cultivo sólida, ya refrescada

Masa final

200 g de masa madre

600 g de harina de trigo duro molida a la piedra («recia»)

460-490 g de agua*

13 g de sal

*Las distintas harinas de trigo duro pueden variar mucho en su capacidad de absorber agua; las fotos en las que se ve la textura de la masa dan una mejor idea que la cifra en gramos.

1 Punto de humedad de la masa tras el mezclado. | 2 Amasar sobre la mesa en tandas de microamasados. | 3 Bolear desgasificando. | 4 Aplastar la bola de masa con el canto de la mano al tiempo que se hace rodar hacia delante y hacia atrás hasta obtener un diábolo. | 5 Montar los lóbulos uno sobre otro. | 6 Aplastar un lóbulo hasta tener un pan con forma de polea de unos 5-7 cm de altura. | 7 Miga del pan cateto.

Pan cateto

Andalucía

El sur de Andalucía es un lugar fascinante donde conviven el gusto por el pan candeal de miga refinada, delicado y sutil, con panes arcaicos, rústicos a más no poder, elaborados con el sabrosísimo trigo duro local. Además de su elaboración ancestral, con masa madre, este pan tiene una forma de polea que viene, al menos, del tiempo de los romanos. Mirando un cateto es inevitable pensar en los panes carbonizados de Pompeya (con sus dos pisos y su textura densa) y fantasear acerca de la sabiduría de la panadería del sur que nos ha llegado desde allí a través de una serie ininterrumpida de gestos.

Método

Preparar la masa madre la noche anterior y dejarla fermentar al menos 12 horas por encima de 20 °C (lo ideal es cerca de 25 °C).

Al día siguiente, mezclar todos los ingredientes. La masa no ha de quedar muy hidratada, pero tampoco seca (1).

Tras dejarla reposar unos 10 o 15 minutos, amasarla sobre la mesa dándole apenas diez amasados (2). Dejarla reposar 10 minutos y repetir los diez amasados. Finalmente, repetir esta tanda una tercera vez pasados otros 10 minutos.

Dejar fermentar aproximadamente 1 hora y 30 minutos más y pasar la masa a la mesa enharinada.

Se pueden hacer dos panes pequeños o uno grande.

Bolear la masa desgasificándola bien (3). Dejarla reposar 2 minutos y aplastar la bola de masa con el canto de la mano al tiempo que se va girando hacia atrás y hacia delante hasta obtener la forma de un diábolo (4).

Apoyar la masa sobre uno de sus dos lóbulos (5) y aplastar el otro hasta obtener una polea. Aplastar la polea hasta que mida unos 5-7 cm de alto (6).

Dejar fermentar entre 2 horas y 2 horas y 30 minutos sobre una tela enharinada.

Con delicadeza, transferir la masa a una hoja de papel de hornear.

Antes de enhornar se pueden hacer unos agujeros en la superficie.

Cocer con el horno a 250 °C, calor arriba y abajo, con una bandeja metálica en la base del horno; echar 100 ml de agua caliente en la bandeja al comenzar la cocción. Tras 5 minutos, retirar la bandeja con agua y continuar a 200 °C otros 30 minutos para los panes pequeños y otros 45 minutos para los grandes.

Dejar enfriar sobre una rejilla.

Masa madre
(de la noche anterior)

150 g de harina de trigo clara
molida a la piedra (T80)

75 g de agua tibia

5 g de masa madre de cultivo
sólida, ya refrescada

Masa final

235 g de masa madre

400 g de harina integral de trigo
duro molida a la piedra (mejor
integral).

400 g de harina panificable suave
(W130)

600-630 g de agua*

Opcional: una cucharada sopera
de anís en grano (matalahúva)

*Las harinas molidas a la piedra
pueden variar mucho en su capacidad
de absorber agua, lo mismo que los
distintos trigos duros; las fotos en las
que se ve la textura de la masa dan
una mejor idea que la cifra en gramos.

———

1 Punto de humedad de la masa tras el
mezclado. | 2 Amasar sobre la mesa en
tandas de microamasados. | 3 Textura
de la masa tras el amasado; queda algo
firme, pero se ablandará mucho durante la fermentación, en parte por la
ausencia de sal. | 4 Bolear desgasifican-
do y dando buena tensión. | 5 Dejar fer-
mentar sobre una tela enharinada con
el soporte en los lados de algún objeto.
| 6 Cuando la masa empiece a mostrar
algunas estrías y grietas, es el momen-
to de hornearla. | 7 Miga del *pa pagès*
ibicenco.

Pa pagès ibicenco con matalahúva

Baleares

Aunque hoy en día el trigo más consumido es el blanco trigo panadero (T. aestivum), *hasta no hace mucho hubo zonas de España donde era más habitual encontrar trigos duros* (T. durum, T. turgidum), *aún muy presentes en Andalucía, por ejemplo, y una constante en muchas zonas como Levante. En las Baleares, muchos de los trigos tradicionales pertenecen a estas variedades que dan una harina arenosa y amarillenta y producen una miga densa y jugosa. Este pan sin sal, chato y mate, es el clásico de las casas de campo pitiusas, donde no era extraño que se elaborara con anís en grano (matalahúva) e incluso a veces se pincelase con aceite al salir del horno. El agasajo clásico al visitante en el campo incluía unas rebanadas de* pa pagès, *sobrasada, aceitunas, higos secos y un buen vaso de vino con aroma de tomillo.*

Método

Preparar la masa madre la noche anterior y dejarla fermentar al menos 12 horas por encima de 20 °C (lo ideal es cerca de 25 °C).

Al día siguiente, mezclar todos los ingredientes. La masa no tiene que quedar muy hidratada, ha de estar firme pero no seca (1), ya que la ausencia de sal restará estructura a la masa. Nada más mezclarla, dejarla descansar 10 o 15 minutos en el bol tapado.

Amasar sobre la mesa dándole apenas diez amasados (2). Dejarla reposar 10 minutos y repetir los diez amasados. Finalmente, repetir la tanda una tercera vez pasados otros 10 minutos. La masa estará fina y habrá ganado estructura (3).

Dejarla fermentar entre 1 hora y 30 minutos y 2 horas, y pasarla a la mesa enharinada.

Bolearla intentando darle tensión, pero con gestos suaves, hasta tener una bola redonda (4). Como opción, se puede hacer un barrote grueso, llamado en ese caso «coc».

Dejarla fermentar durante 2 horas o 2 horas y 30 minutos sobre una tela enharinada, colocando algún objeto en los lados para hacer de tope y que la masa no se desparrame (5).

Con delicadeza, transferir la masa a una hoja de papel de hornear.

Calentar el horno a 250 °C, calor arriba y abajo, sin vapor; nada más meter el pan, bajar a 200 °C y cocer 70 minutos.

Dejar enfriar sobre una rejilla.

Ingredientes

Masa madre
(de la noche anterior)

130 g de harina de trigo clara molida a la piedra (T80)

65 g de agua tibia

5 g de masa madre de cultivo sólida, ya refrescada

Masa final

200 g de masa madre

600 g de harina morena de xeixa (semiintegral) molida a la piedra

410-450* g de agua

*Las harinas integrales molidas a la piedra pueden variar mucho en su capacidad de absorber agua; las fotos en las que se ve la textura de la masa dan una mejor idea que la cifra en gramos.

---

1 Punto de humedad de la masa tras el mezclado. | 2 Amasar sobre la mesa en tandas de microamasados. | 3 Textura de la masa tras el amasado; queda algo firme, pero se ablandará mucho durante la fermentación, en parte por la ausencia de sal. | 4 Pasar la masa a la mesa, donde estará más dúctil. | 5 Bolear desgasificando, pero con suavidad, ya que al ser una masa sin sal y algo integral no tendrá la elasticidad de una masa de pan común. | 6 Cuando la masa empiece a mostrar algunas estrías y grietas, es el momento de hornearla. | 7 Miga del *pa moreno* de xeixa.

Pa moreno de xeixa

Varias regiones

El pan en las islas Baleares es la máxima expresión de la pureza: harina y agua. Hasta la sal molesta en un pan esencial (hay zonas del interior de Levante o de Italia cuyos panes comparten esta característica). El primer mordisco puede resultar un poco extraño, pero después el profundo aroma a cereal lo llena todo. La sal puede ir luego, como un ingrediente más añadido en el momento del consumo, al igual que el aceite, en el clásico pa amb oli. La xeixa es una variedad del trigo panadero (T. aestivum) muy valorada en las islas y con la que se elabora uno de los panes más apreciados.

Método

Preparar la masa madre la noche anterior y dejarla fermentar al menos 12 horas por encima de 20 °C (lo ideal es cerca de 25 °C).

Al día siguiente, mezclar todos los ingredientes. La masa no ha de quedar muy hidratada, ha de estar firme pero no seca (1), ya que la ausencia de sal restará estructura a la masa. Nada más mezclarla, dejarla descansar 10 o 15 minutos en el bol tapado.

Amasar sobre la mesa dándole apenas diez amasados (2). Dejar reposar 10 minutos y repetir los diez amasados. Finalmente, repetir la tanda una tercera vez pasados otros 10 minutos. La masa estará fina y habrá ganado estructura (3).

Dejarla fermentar aproximadamente entre 1 hora y 30 minutos y 2 horas, y pasarla a la mesa enharinada (4).

Bolearla intentando darle tensión, pero con gestos suaves, ya que al ser una masa integral sin sal no tendrá una gran elasticidad (5).

Dejarla fermentar entre 2 horas y 2 horas y 30 minutos sobre una tela enharinada, colocando algún objeto en los lados para hacer de tope y que la masa no se desparrame.

La masa se relajará y, cuando esté lista, tendrá unas estrías que empezarán a abrirse (6).

Con delicadeza, transferir la masa a una hoja de papel de hornear (como quien le da la vuelta a una tortilla de patatas).

Cocer con el horno a 250 °C, calor arriba y abajo, con una bandeja metálica en la base del horno; echar 100 ml de agua caliente en la bandeja al comenzar la cocción. Tras 5 minutos, retirar la bandeja con agua y continuar otros 50 minutos más a 200 °C.

Dejar enfriar sobre una rejilla.

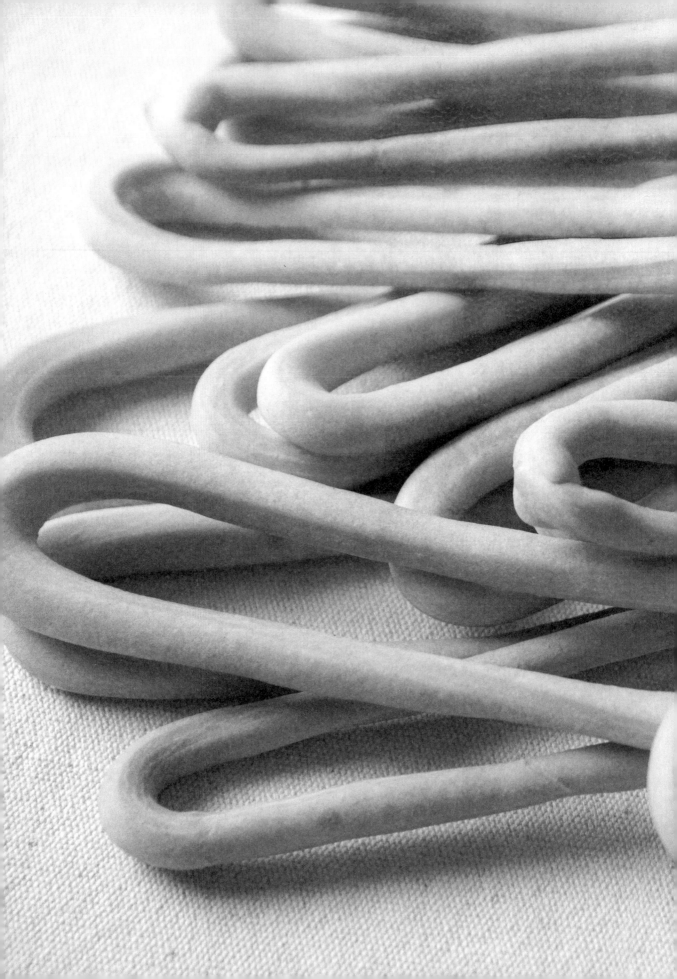

Crujientes

Si a alguien le preguntaran por los grandes
panes, los panes dignos de mención y
elogio, es probable que los crujientes no
fuesen la primera respuesta. Sin embargo,
los humildes panes crujientes, con su
larga conservación, nos han acompañado
desde hace milenios; en un principio por
necesidad (poder conservar y transportar
el pan) y hoy en día por puro placer. A
la selección de panes crujientes de todo
el país la acompañan en este capítulo
elaboraciones ácimas, desde galletas saladas
hasta las primeras tortas de pan que conoció
la humanidad, que hoy en día consumimos
como tortas de gazpachos. Son todos
pequeños grandes panes.

Ingredientes

Masa madre

(de la noche anterior)

135 g de harina panificable suave (W130)

65 g de agua

0,2 g de levadura fresca (equivalente a una lenteja)

Masa final

200 g de masa madre

400 g de harina panificable suave (W130)

180-200 g de agua

40 g de manteca de cerdo

8 g de sal

2 g de levadura fresca

Picos

Andalucía

El pico debe de ser uno de los panes más pequeños y humildes que existen. Sin embargo, en apenas 2 o 3 g de peso esconde una dimensión insondable que no suele aparecer en los manuales de panadería al uso: el placer. Los picos son poderosos; más allá de la técnica panadera, de los parámetros de la fermentación y de los detalles del horneado, nos recuerdan que el pan es un nexo de unión entre las gentes, a las que hace feliz. Como pocos otros alimentos, el pico nos reúne y nos hace sonreír.

Método

Preparar la masa madre la noche anterior y dejarla fermentar al menos 12 horas por encima de 20 °C (lo ideal es cerca de 25 °C).

Al día siguiente, mezclar todos los ingredientes en el bol hasta que quede una masa homogénea (1). Pasar la masa a la mesa y amasarla un par de minutos para que se cohesione (2).

Refinar con el rodillo estirando la masa hasta que mida 1 cm de grosor y plegarla en tríptico antes de volver a estirarla (3). Darle cuatro o cinco pliegues hasta que la masa esté dúctil y sedosa (consultar el capítulo de técnicas).

Dividir la masa en dos partes iguales, bolearlas con firmeza y dejar que reposen un par de minutos antes de estirarlas con el rodillo hasta formar con cada masa un rectángulo de unos 2 mm de grosor (y aproximadamente de 30 x 40 cm). Con un cortapastas o un cuchillo, cortar cuadrados de unos 3 x 3 cm (4).

Formar los picos enrollando la masa de los cuadrados, ya sea sobre la mesa (5 y 6) o bien enrollándola entre la palma de las manos.

Disponer los picos en una hoja de papel de hornear y dejar fermentar entre 1 hora y 30 minutos y 2 horas.

Calentar el horno a 200 °C, calor arriba y abajo, sin vapor. Hornear los picos unos 16-18 minutos hasta que estén dorados y crujientes.

Dejar enfriar en una rejilla.

---

1 Punto de humedad de la masa tras el mezclado. | **2** Amasar un par de minutos hasta que la masa esté cohesionada. | **3** Refinar cuatro o cinco veces hasta que la masa esté sedosa. | **4** Una vez estirada la masa, cortar cuadrados de 3 x 3 cm de lado. | **5** Enrollar cada cuadrado empezando por una esquina. | **6** Hacer rodar los cuadrados sobre la mesa para terminar de enrollar. | **7** Textura crujiente del pico.

Masa madre

(de la noche anterior)

65 g de harina panificable suave (W130)

35 g de agua

0,2 g levadura fresca (equivalente a una lenteja)

Masa final

100 g de masa madre

300 g de harina panificable suave (W130)

150 g de agua

6 g de sal

---

1 Punto de humedad de la masa tras el mezclado. | 2 Amasar unos 5 minutos sobre la mesa. | 3 Bolear y formar barritas de unos 15 cm de largo. | 4 Estirar la barrita a rodillo hasta que mida 50 cm de largo y enrollarla hasta la mitad. | 5 Enrollar la otra mitad hasta tener dos rulos de unos 10-15 cm de ancho. | 6 Girar 90° uno de los rulos y cruzarlo sobre el otro como una equis. | 7 La textura crujientísima de la regañá.

Regañá

Varias regiones

La regañá es un pan tan fino como crujiente y posiblemente el nombre le venga del sonido que hace al rechinar contra la dentadura. Es común que se elabore con la masa del día, que suele ser refinada. La enorme cantidad de diminutas burbujas crea un pan de crujido intenso, adictivo. Si a esto le sumamos un dorado en el que se caramelizan buena parte de los azúcares de la harina, el resultado es antológico. Esta versión omite la levadura en la fermentación final, ganando así en sabor con el aporte del fermento previo (que bien podría ser masa del día anterior).

Método

Preparar la masa madre la noche anterior y dejarla fermentar al menos 12 horas por encima de 20 °C (lo ideal es cerca de 25 °C).

Al día siguiente, mezclar todos los ingredientes en el bol hasta que quede una masa homogénea (1). Pasar la masa a la mesa y amasarla un par de minutos para que se cohesione (2).

Refinar con el rodillo estirando la masa hasta que mida 1 cm de grosor y plegar en tríptico antes de volver a estirarla (3). Darle unos diez pliegues hasta que la masa esté dúctil y sedosa (consultar el capítulo de técnicas).

Dividir la masa en porciones de unos 50 g y bolearlas para que queden bien firmes (4).

Dejar que fermenten tapadas aproximadamente 2 horas y 30 minutos o 3 horas (se pueden dejar en una bandeja con una hoja de papel de hornear, lo que facilitará su manipulación).

Estirar con el rodillo cada bola sobre la mesa bien enharinada hasta tener una elipse que mida unos 35-40 cm y 1 mm de grosor (5). Con un rodillo grande se pueden hacer dos a la vez.

Sin perder tiempo, disponer las regañás ya estiradas sobre una hoja de papel de hornear y pincharlas con un rodillo punteador o con un tenedor (6).

Para evitar que la masa tenga ampollas es muy importante que el grosor sea homogéneo y que se haya pinchado bien la masa.

Calentar el horno a 190 °C, calor arriba y abajo, sin vapor. Hornear unos 12-14 minutos en total, hasta que estén doradas.

Para evitar que se comben mucho, se les puede dar la vuelta a las piezas tras los primeros 5 minutos de cocción.

Dejar enfriar en una rejilla.

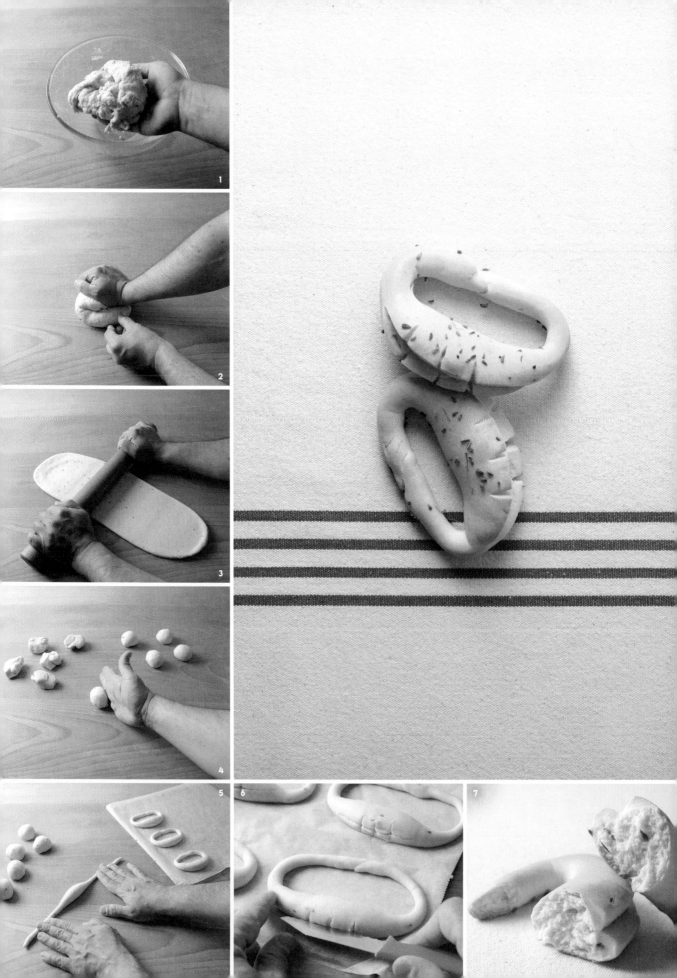

1

2

3

4

5

6

7

Masa madre

(de la noche anterior)

100 g de harina panificable suave (W130)

50 g de agua

0,2 g de levadura fresca (equivalente a una lenteja)

Masa final

150 g de masa madre

300 g de harina panificable suave (W130)

45 g de aceite de oliva virgen

100 g de agua

6 g de sal

1 g de levadura fresca (equivalente a un garbanzo)

1 cucharada de postre de anís en grano

Para decorar

Anís en grano

---

1 Punto de humedad de la masa tras el mezclado. | 2 Amasar un par de minutos hasta que la masa esté cohesionada. | 3 Refinar 8-10 veces hasta que la masa esté sedosa. | 4 Bolear bien firme y formar barritas de unos 10 cm con el centro abultado. | 5 Estirar los extremos de las barritas hasta que midan aproximadamente 25-30 cm. | 6 Dar un corte longitudinal en la parte gruesa de la rosca y tres transversalmente de arriba abajo. | 7 La parte gruesa, jugosa; la parte fina, crujiente.

Rosca de aceite con matalahúva

Andalucía

Un panadero andaluz y uno del sur de Alemania comparten, sin darse cuenta, una sabiduría sencilla y atávica: saben que al formar una rosca con una parte más fina y otra más gruesa obtienen dos texturas muy diferentes con una sola masa. La parte seca y recocida (que se llama «la suegra») es crujiente, mientras que la parte gruesa resulta tierna y jugosa, y conserva más miga. Además del crujido, esta rosca consigue un gran dulzor sin necesidad de azúcar, gracias al anís en grano y un buen aceite de oliva. A pesar de no ser dulce, es pura golosina.

Método

Preparar la masa madre la noche anterior y dejarla fermentar al menos 12 horas por encima de 20 °C (lo ideal es cerca de 25 °C).

Al día siguiente, mezclar todos los ingredientes en el bol hasta que quede una masa homogénea (1). Pasar la masa a la mesa y amasarla un par de minutos para que se cohesione (2).

Refinar con el rodillo estirando la masa hasta que mida 1 cm de grosor y plegarla en tríptico antes de volver a estirarla (3). Darle unos ocho o diez pliegues hasta que la masa esté dúctil y sedosa (consultar el capítulo de técnicas).

Dividir la masa en porciones de unos 50 g y bolearlas para que queden bien firmes (4). Dejar que reposen un par de minutos y formar barritas de unos 10 cm de largo con el centro más grueso.

Afinar los extremos y alargar las puntas hasta que cada pieza mida unos 25-30 cm de largo (5). Unir las dos puntas formando una rosca con forma elíptica y disponer las roscas en una hoja de papel de hornear.

Si la masa está seca y patina al intentar estirarla, se pueden vaporizar muy levemente las manos.

Dejar fermentar entre 2 horas y 30 minutos y 3 horas.

Dar un corte longitudinal en el centro de la parte gruesa y tres cortes transversales (6).

Vaporizar abundantemente las piezas y decorarlas con anís en grano.

Calentar el horno a 220 °C, calor arriba y abajo, sin vapor. Hornear unos 18-22 minutos en total, hasta que estén doradas.

Dejar enfriar en una rejilla.

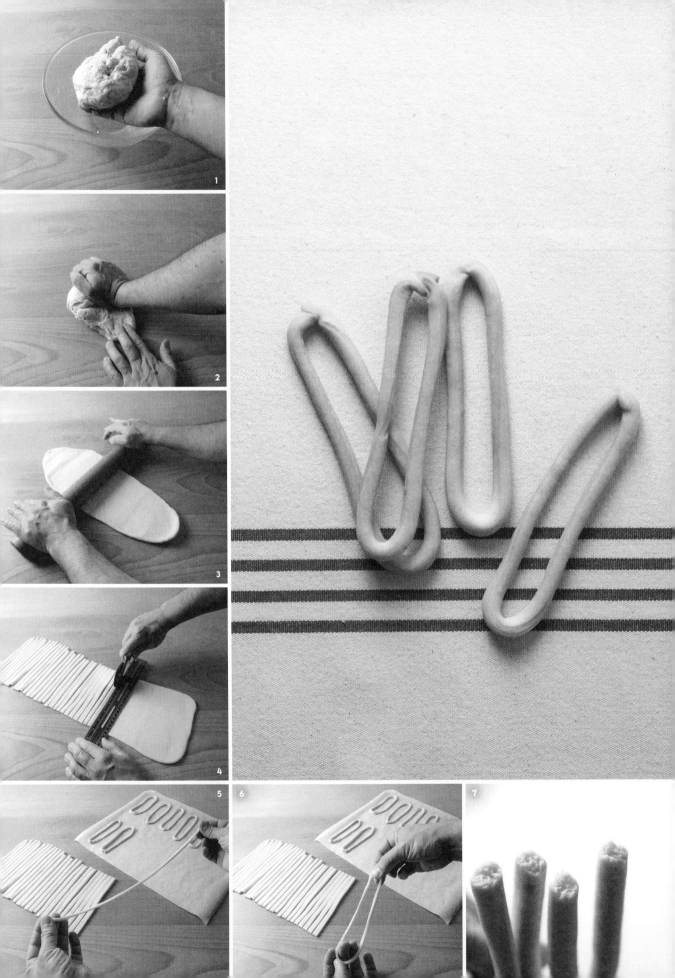

Ingredientes

Masa madre
(de la noche anterior)

65 g de harina panificable suave (W130)

35 g de agua

0,2 g de levadura fresca (equivalente a una lenteja)

Masa final

100 g de masa madre

300 g de harina panificable suave (W130)

65 g de aceite de oliva virgen

80-100 g de agua

6 g de sal

2 g de levadura fresca (equivalente a dos garbanzos)

Rosquillas

Varias regiones

Aunque su aspecto es sencillo y humilde, esta fina rosquilla de crujido delicado y textura fundente es un clásico en el tapeo de muchas zonas del país, y en lugares como Almería o Murcia se le tiene auténtica veneración. Una buena cantidad de aceite de oliva y el refinado de la masa le otorgan una textura elegante y ligera. Para conseguir una textura algo más seca y firme se puede sustituir parte del aceite por agua (como para hacer la rosquilla de la tapa marinera) o bien mantenerla como está para aproximarse a la deliciosa rosquilla que hacen en Alhama de Almería, una de las grandes referencias españolas de la rosquilla.

Método

Preparar la masa madre la noche anterior y dejarla fermentar al menos 12 horas por encima de 20 °C (lo ideal es cerca de 25 °C).

Al día siguiente, diluir la sal en el agua, añadir el aceite y la levadura, mezclarlo todo y agregar la harina hasta que quede una masa homogénea, firme pero no seca: debe quedar dúctil (1). Pasar la masa a la mesa y amasarla un par de minutos para que se cohesione (2).

Refinar con el rodillo estirando la masa hasta que mida 1 cm de grosor y plegarla en tríptico antes de volver a estirarla (3). Darle unos seis u ocho pliegues hasta que la masa esté dúctil y sedosa (consultar el capítulo de técnicas).

Tras el último pliegue, dejar que la masa repose un par de minutos y entonces estirarla con el rodillo hasta formar una placa de masa de unos 25 cm de ancho y 1 cm de grosor.

Cortar la masa en sentido transversal formando tiras de unos 25 cm de largo por 1 cm de ancho (4).

Con delicadeza, estirar cada cinta de masa hasta casi el doble de su longitud (5), conservando un grosor homogéneo en toda la cinta.

Cerrar cada rosquilla pegando con fuerza las dos puntas (6) y colocarlas en una hoja de papel de hornear.

Dejarlas fermentar unas 3 horas o 3 horas y 30 minutos.

Calentar el horno a 160 °C, calor arriba y abajo con ventilador (180 °C sin ventilador), sin vapor. Hornear unos 12-14 minutos, hasta que estén doradas y crujientes.

Dejar enfriar en una rejilla.

---

1 Punto de humedad de la masa tras el mezclado. | **2** Amasar un par de minutos hasta que la masa esté cohesionada. | **3** Refinar seis u ocho veces hasta que la masa esté sedosa. | **4** Estirar la masa hasta que mida unos 25 cm de ancho y 1 cm de grosor; cortar cintas de 1 cm de ancho. | **5** Estirar cada cinta hasta conseguir casi el doble de su longitud. | **6** Cerrar la cinta pegando con fuerza los dos extremos. | **7** Miga crujiente y ligera de las rosquillas.

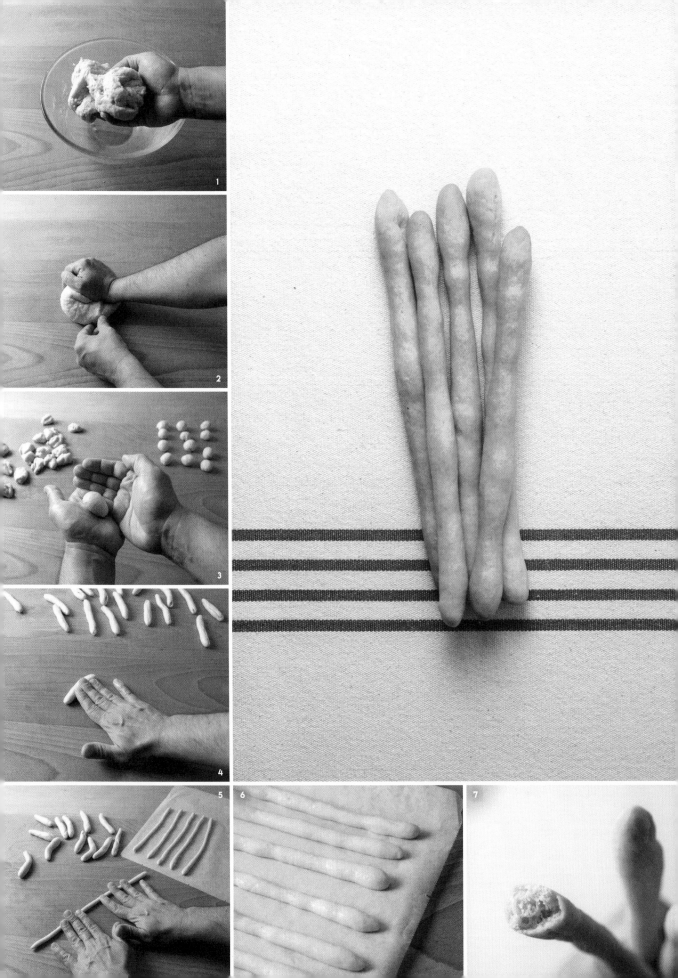

Ingredientes

Masa madre
(de la noche anterior)

65 g de harina panificable suave
(W130)

35 g de agua

0,2 g de levadura fresca (equivalente a una lenteja)

Masa final

100 g de masa madre

300 g de harina panificable suave
(W130)

90-100 g de aceite de oliva virgen

100 g de agua

6 g de sal

5 g de levadura fresca

Opcional

1 cucharada sopera de anís en
grano

Rosquilletes

Comunidad Valenciana

Las rosquilletas valencianas son un ligero pan crujiente en forma de palito, de la familia de los grisines y colines. Al ser una masa ligera y muy enriquecida, el mordisco es de un crujir sutil y delicioso; la masa se deshace en la boca liberando todo su sabor. Es muy común prepararlas con anís en grano (que en Valencia recibe el delicioso nombre de «llavoretes»), pero admiten mil variaciones, tanto de semillas y aromáticos como de harinas; quedan geniales con pipas o con harina integral, incluso de centeno o maíz.

Método

Preparar la masa madre la noche anterior y dejarla fermentar al menos 12 horas por encima de 20 °C (lo ideal es cerca de 25 °C).

Al día siguiente, diluir la sal en el agua, añadir el aceite y la levadura, y mezclarlo todo; finalmente, agregar la masa madre y la harina (y el anís en grano, si se quiere) mezclándolo todo hasta que quede una masa homogénea, no especialmente pegajosa, un poco ligera (1). Pasar la masa a la mesa y amasarla de 7 a 10 minutos, hasta que quede muy fina (2). También se puede amasar a intervalos (consultar el capítulo de técnicas).

Dejar fermentar 2 horas en un bol tapado.

Dividir en piezas de 15-20 g, desgasificarlas y bolearlas (3).

Dejar que reposen 5-10 minutos y estirarlas, primero formando barritas de unos 10 cm de largo (4) y finalmente de unos 20-25 cm (5).

Colocarlas en una hoja de papel de hornear con cuidado de dejar espacio entre ellas, ya que crecerán tanto al fermentar como en el horno (6).

Dejar que fermenten aproximadamente 2 horas, con cuidado de que no se seque la masa (se pueden tapar con un plástico o bien con una tela y un plástico encima).

Calentar el horno a 170 °C, calor arriba y abajo con ventilador (190 °C sin ventilador), sin vapor. Hornear unos 20-24 minutos, hasta que tengan un suave dorado y estén muy crujientes.

Dejar enfriar en una rejilla.

---

1 Punto de humedad de la masa tras el mezclado. | **2** Amasar un par de minutos, hasta que la masa esté cohesionada. | **3** Dividir en piezas de 15-20 g y bolearlas. | **4** Estirar las piezas, primero formando barritas de 10 cm. | **5** Finalmente, estirarlas hasta los 20-25 cm. | **6** Colocarlas en una hoja de papel de hornear con espacio suficiente para que crezcan. | **7** Miga fundente de las rosquilletas.

400 g de harina panificable suave (W130)

95 g de aceite de oliva virgen

100-110 g de agua

30 g de manteca de cerdo

8 g de sal

6 g de levadura fresca

Galletes d'oli o de Inca

Baleares

El nombre de estas galletas baleares puede dar lugar a equívocos, ya que en realidad son una masa fermentada de pan y no son dulces. Son primas de las galletas marineras, pero contienen una mayor cantidad de grasa (lo que no las haría recomendables para largos viajes en el mar, ya que se pondrían rancias con más facilidad). Para generaciones de mallorquines, estas galletitas son lo más cercano a la idea de hogar y se consumen en cualquier momento.

Método

Diluir la sal y la manteca de cerdo en agua tibia, añadir el aceite y la levadura, mezclarlo todo y agregar la harina hasta que quede una masa homogénea y sin grumos (1). Pasar la masa a la mesa y amasarla 4 o 5 minutos, hasta que esté más o menos fina, pero sin sobreamasarla (2).

Dejar que repose 10 minutos y darle un pliegue sencillo de hojaldre: estirar la masa con el rodillo (3) y plegarla en tríptico antes de volver a estirarla (4).

Dejarla reposar 5 minutos para que se relaje y finalmente estirarla de nuevo hasta formar una placa de algo más de 0,5 cm de grosor.

Con un cortador circular de galletas de unos 5-6 cm de diámetro (o con un vaso pequeño), cortar las galletas (5).

Volver a juntar los recortes y estirarlos otra vez con el rodillo hasta que se acabe la masa.

Dejarla fermentar de 2 horas y 30 minutos a 3 horas.

Antes de hornear las galletas, hacer un hueco en cada una apretando delicadamente con la yema de un dedo, para evitar que se hinchen (6) y hacer varios agujeros con la ayuda de un marcador o una aguja.

Calentar el horno a 180 °C, calor arriba y abajo, sin vapor. Hornearlas unos 40-45 minutos en total, hasta que estén doradas y crujientes en su interior. Para comprobarlo, se puede sacar una y cortarla por la mitad.

Dejarlas enfriar en una rejilla.

---

1 Punto de humedad de la masa tras el mezclado. | 2 Amasar 4 o 5 minutos hasta que la masa esté cohesionada. | 3 Estirar la masa con el rodillo formando un rectángulo regular. | 4 Dar un pliegue sencillo de hojaldre: plegar en tríptico y estirar. | 5 Cortar las galletas con un cortapastas redondo o un vaso pequeño. | 6 Aplastar en el centro de cada galleta con el dedo y pinchar dos o tres agujeros con una aguja. | 7 Textura crujiente de la galleta de aceite.

Ingredientes

Masa madre
(de la noche anterior)

100 g de harina panificable
(W180)

60 g de agua tibia

5 g de masa madre de cultivo
sólida, ya refrescada

Masa final

165 g de masa madre

400 g de harina integral de trigo
duro molida a la piedra

400 g de harina panificable
(W180)

540-570 g de agua*

*Las harinas molidas a la piedra
pueden variar mucho en su capacidad
de absorber agua, lo mismo que los
distintos trigos duros; las fotos en las
que se ve la textura de la masa dan
una mejor idea que la cifra en gramos.

1 Punto de humedad de la masa tras el
mezclado. | 2 Amasar a intervalos so-
bre la mesa. | 3 Formar dos barrotes de
unos 20 cm de longitud. | 4 Dejar que
fermenten sobre una tela bien enhari-
nada. | 5 Marcarlos, cortando casi hasta
el fondo, en forma de rejilla. | 6 Tras la
primera cocción, romper las costras
y volver a cocerlas. | 7 La prueba para
saber si las costras están bien hechas
es apretar y que se rompan en pedazos
(esto demuestra que son un bizcocho y
no pan seco).

Crostes

Baleares

Las costras de pan (crostes en catalán) han sido desde antiguo uno de los alimentos básicos de los marineros. No es casualidad que los dos lugares donde sobrevive con más fuerza su consumo sean los archipiélagos (en Canarias, el pan «bizcochao» es un clásico). Las crostes pitiusas se elaboran cociendo una segunda vez el pan sin sal, una vez cortado en trozos. En verano, este pan crujiente bien empapado con el jugo de unos tomates en sazón es la base de la ensalada más tradicional, pariente de otras ensaladas mediterráneas como la panzanella o la fattoush.

Método

Preparar la masa madre la noche anterior y dejarla fermentar al menos 12 horas por encima de 20 °C (lo ideal es cerca de 25 °C).

Al día siguiente, mezclar todos los ingredientes. La masa no tiene que quedar muy hidratada; ha de ser firme pero no seca (1). Nada más mezclarla, dejarla descansar 10 o 15 minutos en el bol tapado.

Amasar la masa sobre la mesa dándole apenas diez amasados (2). Dejarla reposar 10 minutos y repetir los diez amasados. Finalmente, repetir la tanda una tercera vez pasados otros 10 minutos. La masa estará fina y habrá ganado estructura.

Dejarla fermentar durante unas 2 horas y pasarla a la mesa enharinada.

Dividir la masa en dos piezas iguales, bolearlas y dejarlas reposar 5-10 minutos antes de formar barrotes de unos 20 cm de largo (3).

Dejarlos fermentar de 2 horas a 2 horas y 30 minutos sobre una tela enharinada hasta que estén bien fermentados (4).

Con el canto de la mano, o con un cuchillo o rasqueta, marcar las piezas creando una rejilla de rectángulos de unos 3 x 5 cm (5).

Calentar el horno a 250 °C, calor arriba y abajo, sin vapor. Nada más meter el pan, bajar la temperatura a 200 °C y hornear 35-40 minutos.

Sacar las piezas del horno y dividirlas usando las marcas a modo de troquel (6). Volver a meterlas en el horno a 80-100 °C y hornearlas hasta que se sequen por completo (12 horas, toda la noche).

La prueba para saber si están bien cocidas es apretarlas y que se rompan con un buen crujido. Si están aún duras, necesitan más horno.

Antes de consumirlas, se empapan ligeramente en agua o bien se ponen en ensalada con tomate y se dejan reblandecer en su jugo.

Ingredientes

Masa madre
(de la noche anterior)

65 g de harina panificable (W180)

35 g de agua tibia

5 g de masa madre de cultivo
sólida, ya refrescada

Masa final

105 g de masa madre

210 g de harina integral de trigo

210 g de harina panificable suave
(W130)

20 g de aceite de oliva

250-260 g de agua

4 g de sal

---

1 Punto de humedad de la masa tras el
mezclado. | 2 Amasar a intervalos sobre
la mesa. | 3 Dividir la masa en piezas
de 100 g y bolear. | 4 Para conseguir un
disco perfectamente redondo, estirar la
masa primero en un sentido hasta tener
una elipse. | 5 Girar 90° la masa y volver
a estirar hasta tener un disco redondo.
| 6 Pinchar la masa para evitar que se
hinche por completo, pero dejando espa-
cios donde las capas se separen y den
distintas texturas de crujido.| 7 Estruc-
tura de la *galleta forta*.

Galleta forta

Baleares

*Allá donde ha habido puerto de mar, ha habido galleta marinera, bizco-
cho náutico y demás panes secos para abastecer a los barcos. La necesidad
de un pan que aguantara mucho tiempo ha dado origen a los panes de doble cocción (bizcochos en sentido estricto) o a finas obleas como esta galleta forta de las Baleares, que en Ibiza se encuentra a veces en formatos
sorprendentemente grandes. Tras una buena primera fermentación, la
segunda es muy corta, y con ella se intenta conseguir una estructura más
cerrada. Se trata de un pan arcaico que, curiosamente, va muy bien en la
vida contemporánea, ya sea como pan crujiente de acompañamiento o en
ensaladas y sopas. Un trozo de la tradición marinera en casa.*

Método

Preparar la masa madre la noche anterior y dejarla fermentar al menos
12 horas por encima de 20 °C (lo ideal es cerca de 25 °C).

Al día siguiente, mezclar todos los ingredientes. La masa tendrá una
hidratación intermedia. Al principio se pegará ligeramente, pero luego
será muy fácil de amasar (1).

Amasar sobre la mesa dándole apenas diez amasados (2). Dejar reposar
10 minutos y repetir los diez amasados. Finalmente, repetir la tanda
una tercera vez pasados otros 10 minutos. La masa estará fina y habrá
ganado estructura.

Dejar fermentar durante aproximadamente 3 horas y pasar la masa a la
mesa enharinada.

Dividir la masa en piezas de 100 g, bolearlas (3) y dejarlas reposar 5-10 minutos antes de estirarlas.

Con la ayuda del rodillo, estirarlas hasta formar discos de unos 20-25 cm
y de unos 3 mm de grosor.

Para formar un disco regular, estirar la masa primero en un sentido (4),
girar 90° la elipse de masa y estirar otra vez (5).

Dejar fermentar 30-40 minutos.

Pinchar los discos con un rodillo punteador o un tenedor (6) para evitar que se hinchen por completo como un pan de pita, pero dejando es-
pacios donde la masa sí se pueda separar; esto dará al pan varias texturas con distinto crujido.

Calentar el horno a 170 °C, calor arriba y abajo, sin vapor, y hornear
40-45 minutos, hasta que el pan esté completamente seco.

Dejar enfriar sobre una rejilla.

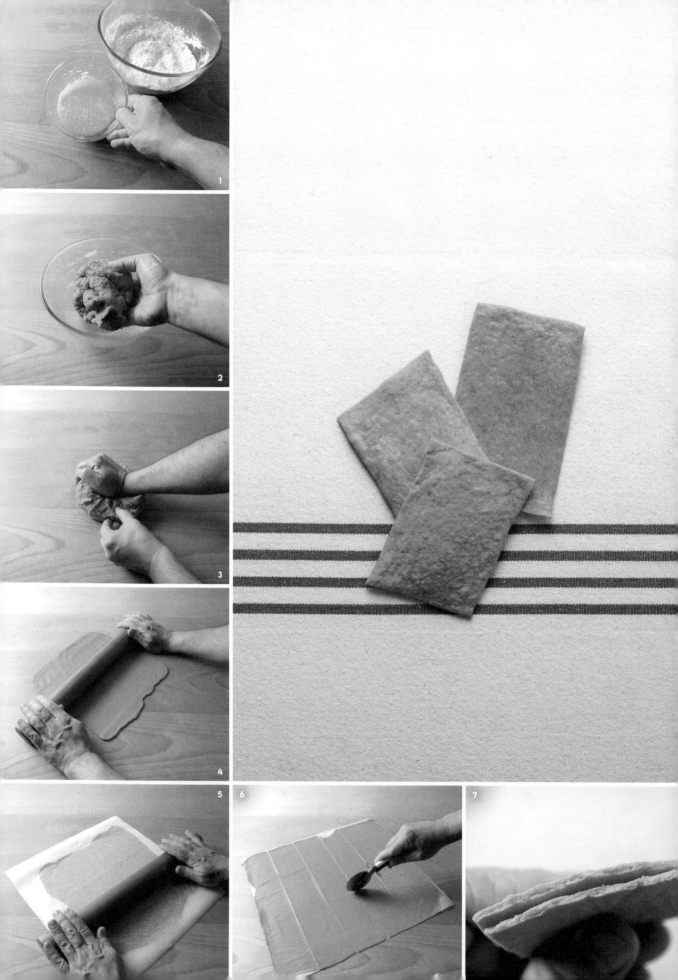

Ingredientes

320 g de harina floja

110 g de aceite de oliva

110 g de vino blanco o cerveza

10 g de pimentón dulce de Murcia

6 g de sal

Para decorar

Sal gruesa

Crespillos de Lorca

Murcia

El nombre «crespillo» define distintas elaboraciones, desde unos fritos aragoneses hechos con borraja hasta varios panes planos. Los crespillos lorquinos son unas deliciosas galletas saladas con pimentón. En su origen eran una elaboración secundaria para aprovechar los restos de la masa, tal vez de pan en un inicio, pero hoy en día se elaboran a diario y son muy populares. La masa es similar a la empleada para las empanadillas, ácima y enriquecida con aceite y vino o cerveza (no es extraño encontrar versiones en las que se escalda la harina con aceite caliente). El toque final de la sal gruesa hace que sean irresistibles.

Método

Por un lado, mezclar la harina con el pimentón y por otro, mezclar los líquidos, diluyendo la sal en el vino y el aceite (1). Se puede guardar un poco del vino para hacer las últimas correcciones. Finalmente, mezclarlo todo hasta que quede una masa homogénea no demasiado húmeda (2). Pasar la masa a la mesa y amasarla durante 5 minutos, hasta que quede fina (3). Se puede dar algún reposo intermedio (consultar el capítulo de técnicas).

Dejar reposar la masa durante 15 minutos, tapada para evitar que coja piel.

Dividir la masa en dos porciones, que darán cada una para una bandeja de horno.

Con el rodillo, estirar cada porción hasta obtener un rectángulo de 25 x 30 cm (4).

La masa tiende a encogerse y es fácil acabar con una masa muy gruesa; una solución fácil para evitarlo es aplanarla entre dos hojas de papel de hornear.

Pasar la masa a una hoja de papel de hornear, poner otra encima y estirar hasta que la masa llene prácticamente toda la hoja, con un grosor de poco más de 1 mm (5).

Pinchar toda la superficie con un rodillo punteador o un tenedor y cortar en forma de rejilla con un cortapastas o un cuchillo, formando galletas rectangulares (6).

Espolvorear con sal y hornear unos 15-17 minutos a 180 °C (160 °C con ventilador), calor arriba y abajo, hasta que los crespillos estén secos y con un delicado crujido.

Hay que tener cuidado para evitar que se quemen, por el pimentón.

Dejar enfriar en una rejilla.

---

1 Mezclar los líquidos y diluir la sal. | **2** Punto de humedad tras el mezclado. | **3** Amasar unos 5 minutos, hasta que la masa quede fina. | **4** Estirar la masa hasta crear un rectángulo fino de unos 25 x 30 cm. | **5** Pasar la masa a una hoja de papel de hornear, colocar otra hoja encima y aplastarla pasando el rodillo hasta que la masa llene la superficie de la hoja. | **6** Pinchar con un rodillo punteador o un tenedor y cortar en forma de rejilla. | **7** Estructura crujiente y anaranjada del crespillo lorquino.

Ingredientes

610 g de harina panificable suave (W130)

180 g de aceite de oliva virgen

190 g de vino blanco o cerveza

10 g de anís en grano (2 cucharadas soperas)

8 g de sal

Resecas

Castilla-La Mancha

El nombre «seca», «reseca» o «resequilla» es habitual en panes planos y galletas saladas en muchas partes del país. Estas galletas saladas provienen de la comarca del Campo de Calatrava (Ciudad Real) y son realmente adictivas. La mezcla de «matalahúga» (anís en grano) y sal obra milagros. El líquido para humedecer la harina se reparte entre vino (que no falta en la zona) y aceite de oliva. Las claves son no desarrollar demasiado la masa, que no sea demasiado fina y que esté bien horneada, hasta conseguir esa textura crujiente, pero que se deshace, que vale tanto para matar el rato como para acompañar cualquier exquisitez.

Método

Diluir la sal en el vino y el aceite (guardando un poco de vino para hacer correcciones finales según la absorción de la harina), añadir el anís en grano y, finalmente, mezclar toda la harina hasta que quede una masa homogénea no demasiado pegajosa (1). Pasar la masa a la mesa y amasarla durante 3 o 4 minutos (2), hasta que quede bien cohesionada pero no demasiado fina; hay que evitar desarrollar en exceso el gluten (3). Se puede dar algún reposo intermedio (consultar el capítulo de técnicas).

Dejar reposar la masa durante 5 minutos, tapada para evitar que coja piel.

Con el rodillo, estirar la masa hasta formar un rectángulo de unos 40 x 35 cm (4), más o menos la dimensión de una bandeja de horno de casa, y de unos 5 mm de grosor.

Pasar la placa de masa a una hoja de papel de hornear y corregirla para que quede perfectamente rectangular y de grosor homogéneo (5).

Pinchar toda la superficie con un rodillo punteador o un tenedor y cortar en forma de rejilla con un cortapastas o un cuchillo, formando galletas rectangulares de tamaño grande, en torno a 6 x 15 cm (6).

Calentar el horno a 190 °C, calor arriba y abajo, sin vapor (160 °C con ventilador). Hornear unos 30-35 minutos, hasta que estén secas y crujientes.

Dejar enfriar en una rejilla.

---

1 Punto de humedad de la masa tras el mezclado. | 2 Amasar 3 o 4 minutos, evitando que se desarrolle el gluten en exceso. | 3 Textura de la masa tras el amasado: no ha de estar perfectamente fina. | 4 Estirar hasta formar un rectángulo de 35 x 40 cm, el tamaño de una bandeja de horno. | 5 Pasar la masa a una hoja de papel de hornear y corregir la forma para que quede perfectamente rectangular. | 6 Pinchar y cortar en forma de rejilla creando grandes galletas de unos 6 x 15 cm. | 7 Textura crujiente pero que se deshace de la reseca.

310 g de harina clara molida a la piedra (T80)

185-195 g de agua

3 g de sal

Torta subcinericia

Varias regiones

El gesto de enterrar una masa bajo rescoldos es anterior a la invención de la escritura. Sin embargo, incluso en pleno siglo XXI se sigue encontrando con distintos nombres en diversas partes del país, especialmente cuando se elaboran tortas ácimas para gazpachos (en La Mancha y zonas limítrofes de Andalucía, Aragón o la Comunidad Valenciana). Hay algo atávico, misterioso y casi mágico en recurrir a esta vieja técnica que, curiosamente, puede ser muy útil para hacer pan en barbacoas o en el hogar de una casa de campo. El primer pan de la humanidad sería algo parecido. Para recuperar aún más ese espíritu atávico, está elaborada con harina molida a la piedra.

Método

Mezclar todos los ingredientes. La masa tendrá una hidratación intermedia. Al principio se pegará ligeramente, pero luego será muy fácil de amasar (1).

Amasar sobre la mesa durante 4-5 minutos (2) o bien a intervalos (consultar el capítulo de técnicas).

Dividir la masa en dos porciones de unos 250 g y bolearlas (3).

Dejarla reposar 20 minutos antes de estirarla. Aunque se va a pasar (ya que no tiene levadura), es importante hacer coincidir el estirado con el momento en que las brasas estén listas.

Estirar las dos porciones en forma de disco hasta que midan poco más de 20 cm de diámetro y tengan un grosor de 4-5 mm, no muy finas (4). Si la torta es demasiado fina, puede quemarse bajo las brasas, y además será más complicado manipularla en el momento más difícil.

Transferir las tortas a una bandeja con una tela enharinada.

Antes de situar el pan bajo las brasas, hay que asegurarse de que la suela estará caliente en toda la superficie que ocupará la torta.

Apartar las brasas, limpiar la suela con una escoba para evitar que queden brasas debajo (5) y depositar con cuidado la torta, usando las dos manos para trasladarla.

Cubrir con mucha delicadeza la torta con brasas y cenizas, evitando dañarla.

Dejarla cocer de 3 a 4 minutos.

Quitar las brasas, sacar la torta y cepillarla bien para quitar los restos de ceniza y polvo (6).

1 Punto de humedad de la masa tras el mezclado. | 2 Amasar hasta que la masa esté fina. | 3 Dividir en dos piezas y bolearlas. | 4 Estirar la masa hasta formar discos de unos 20 cm de diámetro y 4-5 mm de grosor. | 5 Apartar las brasas y cepillar para eliminar las brasas en la base. | 6 Cubrir la torta bajo las brasas 3 o 4 minutos, apartar finalmente las brasas y cepillar bien la torta para quitar las cenizas. | 7 Torta subcinericia cortada para gazpachos.

350 g de harina panificable
    suave (W130) o floja

210-220 g de agua

3 g de sal

Torta de gazpachos

Varias regiones

Los gazpachos manchegos son un plato de campo muy ligado (como las migas) al pastoreo, por lo que se consumen en una zona muy amplia de la mitad oriental del país. En las distintas comarcas, las tortas varían en su técnica de elaboración y su nombre (tortas, sollapas, galianas, torta cenceña, etc.), dando como resultado sutiles diferencias en tostado, textura y sabor. En este caso, se trata de una finísima oblea de pan muy crujiente y poco tostado, lo que le da un dulzor especial propio del cereal. Desde Albarracín hasta Alicante es fácil encontrar estos discos destinados a ese plato mágico donde el pan y la pasta se encuentran, un dinosaurio gastronómico que vive entre nosotros (y que en el siglo XXI es delicioso como pan de picoteo).

Método

Mezclar todos los ingredientes. La masa tendrá una hidratación intermedia y fácil de amasar (1).

Amasar sobre la mesa durante 4-5 minutos (2) o bien a intervalos (consultar el capítulo de técnicas). La masa debe quedar muy fina.

Dividir la masa en tres porciones de unos 190 g y bolearlas (3).

Dejarlas reposar 15 minutos antes de estirarlas.

Estirarlas en forma de disco hasta que midan unos 30-35 cm de diámetro y tengan un grosor de 1 mm (4).

Es importante ir espolvoreando con harina para evitar que la masa se pegue a la mesa.

Para conseguir una forma circular, se estira primero en un sentido hasta obtener una elipse alargada. Se gira la masa 90° y se estira otra vez para que quede un disco regular.

Una vez que la masa esté estirada, transferirla con delicadeza a una hoja de papel de hornear (5). Allí se pueden hacer las últimas correcciones de la forma.

Antes de enhornar, pinchar la torta en varios lugares para evitar que se formen burbujas demasiado grandes (6).

Calentar el horno a 220 °C, calor arriba y abajo, y hornear unos 3 minutos. Bajar la temperatura a 190 °C y continuar otros 10 minutos para secar la torta (también se puede cocer directamente sobre la base del horno, como los gajos para gazpachos).

Dejar enfriar sobre una rejilla.

1 Punto de humedad de la masa tras el mezclado. | 2 Amasar sobre la mesa hasta que quede muy fina. | 3 Dividir en piezas de 190 g y bolear. | 4 Estirar hasta que se formen discos de unos 30-35 cm de diámetro y apenas 1 mm de grosor. | 5 Transferir a una hoja de papel de hornear y hacer las últimas correcciones. | 6 Pinchar para evitar que se hinche. | 7 Torta deshecha en cachitos para hacer gazpachos (o «gaspachos», según la zona).

Ingredientes

300 g de harina panificable suave (W130) o floja

195 g de agua

6 g de levadura

6 g de sal

Gajos para gazpachos
Castilla-La Mancha

Una masa fina sometida a mucho calor se hincha creando una bolsa de pan; así es como se hace el pan de pita. Muy lejos de Oriente Medio se siguen elaborando estos curiosos panes en obradores manchegos para obtener tortas de gazpachos (y en algunas zonas de Huelva, para tener un pan tierno). Al contrario que la pita, los gajos se suelen dejar en el horno hasta que se endurecen, conservando su forma característica. Para el panadero no solo son un producto más, sino que además han servido de indicador tradicional para determinar la temperatura del horno y saber si está bien para meter la hornada de hogazas.

Método

Mezclar todos los ingredientes. La masa tendrá una hidratación intermedia y fácil de amasar (1).

Amasar sobre la mesa durante 4-5 minutos (2) o bien a intervalos (consultar el capítulo de técnicas). La masa debe quedar muy fina.

Dejar que repose unos 30-45 minutos.

Dividir la masa en dos porciones iguales y bolearlas (3).

Dejarlas reposar 15 minutos antes de estirarlas.

Estirarlas en forma de disco hasta que midan unos 30 cm de diámetro y tengan un grosor de 2-3 mm (4).

Es importante que el grosor sea homogéneo en toda la superficie, sin grandes huecos o bultos.

Una vez que las piezas estén estiradas, transferirlas con delicadeza a una hoja de papel de hornear. Allí se pueden hacer las últimas correcciones de forma.

Antes de enhornar, cortar la masa por la mitad creando dos medias circunferencias; separarlas un poco (5).

Calentar el horno a 250 °C, calor arriba y abajo, y sin ninguna bandeja en su interior.

Deslizar la hoja de papel de hornear con los gajos directamente sobre la solera del horno; el papel evitará que se peguen (lo más probable es que el papel se tueste, pero es normal).

Al cabo de un par de minutos, la masa estará hinchada. Bajar la temperatura a 180-200 °C para que se seque y endurezca. Se pueden girar las piezas (con mucho cuidado de no quemarse con el vapor) para que no se tueste demasiado la base. Dejar enfriar sobre una rejilla.

1 Punto de humedad de la masa tras el mezclado. | 2 Amasar sobre la mesa hasta que la masa esté fina. | 3 Dividir en dos piezas y bolearlas. | 4 Estirar las piezas hasta tener dos discos de unos 30 cm de diámetro. | 5 Transferirlas a una hoja de papel de hornear y cortar los discos en dos mitades iguales. | 6 Hornear directamente sobre la base del horno, girándolas (con cuidado de no quemarse) tras un par de minutos. | 7 Los gajos son bolsas crujientes de pan.

Tortas saladas

El pan es un paisaje que varía de comarca en comarca. Las diferencias geográficas y climáticas explican el uso de unos u otros cereales, mientras que las razones culturales han esculpido con los siglos las infinitas variedades del mundo de las masas. No obstante, pocas cosas definen el cuándo y el dónde como lo hacen las tortas, cocas y empanadas coronadas con productos locales y estacionales que dibujan, como el pincel de un maestro clásico, el paisaje de lo que comemos. Las verduras, hortalizas, carnes y pescados de cada región expresan la sensibilidad, cultura y condicionantes de la zona y exprimen el sabor hasta concentrarlo sobre un trozo de pan de manera única.

Ingredientes

Torta de aceite

Castilla y León

*Las tortas de aceite y manteca son una constante en la panadería tradicio-
nal española, a menudo realizadas con la masa de pan del día para crear
una pieza especial. Como otras de su familia, la torta de aceite castella-
na surge de la necesidad de comprobar la temperatura del horno. El planteamiento es sencillo: una masa de pan de hidratación bastante reducida,
aceite y calor; pero el resultado es impresionante: una miga fundente y jugosa, y una corteza irresistible.*

Método

Preparar la masa madre la noche anterior y dejarla fermentar al menos
12 horas por encima de 20 °C (lo ideal es cerca de 25 °C).

Al día siguiente, mezclar todos los ingredientes. Quedará una masa
poco pegajosa, muy manejable (1). Tras mezclarlos, dejar descansar
la masa 10 o 15 minutos en el bol tapado. Transcurrido ese tiempo, la
masa estará más cohesionada y no se pegará tanto.

Amasar sobre la mesa unos 5 o 7 minutos (2) hasta que esté fina (3). También se puede amasar a intervalos (consultar el capítulo de técnicas).

Dejarla fermentar aproximadamente entre 2 horas y 30 minutos y
3 horas.

Dividir la masa en dos piezas iguales y bolearlas muy delicadamente (4).

Dejarlas fermentar una hora más.

Bajar las bolas hasta formar discos de masa de unos 25-30 cm de diámetro. Untar con aceite y marcarlas con las yemas de los dedos según
se estira la masa (5).

Dejarlas fermentar otra hora. Antes del horneado, volver a marcarlas
suavemente con las yemas de los dedos y pinchar las piezas con una
aguja o una picadera para evitar que se creen grandes burbujas de aire
indeseadas (6).

Cocerlas con el horno a 250 °C, calor arriba y abajo, con una bandeja
metálica en la base del horno; echar 100 ml de agua caliente en la bandeja al comenzar la cocción. Tras 5 minutos, retirar la bandeja con agua
y continuar el horneado otros 10 o 15 minutos a 250 °C, hasta obtener
una corteza con un dorado intenso.

Dejar enfriar en una rejilla.

---

1 Punto de humedad de la masa tras el
mezclado. | **2** Amasar sobre la mesa de 5
a 7 minutos, hasta que la masa esté fina.
| **3** Textura de la masa una vez amasa-
da. | **4** Dividir en dos piezas iguales y
bolearlas delicadamente. | **5** Bajar las
bolas hasta obtener discos de unos 25
a 30 cm de diámetro; untar con aceite
y marcar con las yemas de los dedos. |
6 Antes del horneado, volver a marcar
con los dedos y pinchar la masa para
evitar que se formen burbujas. | **7** Miga
de la torta de aceite.

Ingredientes

Masa madre
(de la noche anterior)

80 g de harina panificable

45 g de agua

0,2 g de levadura fresca (equivalente a una lenteja)

Masa final

125 g de masa madre

325 g de harina panificable (W180)

150 g de harina de trigo duro

300-310 g de agua

8 g de sal

Para manipular

150 g de aceite

2 cucharadas soperas de pimentón dulce

---

1 Punto de humedad de la masa tras el mezclado. | 2 Amasar durante unos 5 minutos, hasta que la masa quede fina. | 3 Dividir en dos piezas y bolear delicadamente. | 4 Estirar cada pieza de masa hasta que midan unos 30 x 40 cm. | 5 Untar las bandejas de horno con aceite y pimentón. | 6 Marcar y estirar las piezas. | 7 Miga empapada por el aceite con pimentón.

Torta de pimiento molido

Murcia

La torta de pimentón (de pimiento «molío», como se llama en Murcia) es una de esas joyas poco conocidas fuera de su zona. Tiene parientes desde Jaén hasta Castellón y su planteamiento no podría ser más convincente: pan, aceite, pimentón y sal. Una obra maestra de sencillez apabullante. En todo el Levante ha sido tradicional mezclar la harina panificable con la de trigo duro, lo que da una miga jugosa de un sabor dulce y delicioso. La clave es usar un pimentón dulce, no ahumado, y no ser tacaño con él, pero tampoco poner en exceso, ya que podría quemarse.

Método

Preparar la masa madre la noche anterior y dejarla fermentar al menos 12 horas por encima de 20 °C (lo ideal es cerca de 25 °C).

Al día siguiente, mezclar todos los ingredientes. Quedará una masa un poco pegajosa al comienzo (1). Tras mezclarlos, dejar descansar la masa 10 o 15 minutos en el bol tapado. Transcurrido ese tiempo, la masa estará más cohesionada y no se pegará tanto.

Amasar sobre la mesa, plegando la masa y haciéndola rodar durante unos 5 minutos, hasta que quede lista (2); también se puede amasar a intervalos (consultar el capítulo de técnicas de amasado).

Dejar fermentar durante 3 horas.

Dividir en dos piezas iguales, bolearlas suavemente y dejarlas reposar 20 minutos (3).

Estirar las masas hasta que formen un rectángulo de unos 30 x 40 cm (4).

Diluir 2 cucharadas soperas de pimentón en 150 g de aceite y untar generosamente la base de la bandeja de horno con este aceite, guardando el resto para la torta.

Colocar cada masa en una bandeja y estirarlas para que ocupen casi toda la superficie (5).

Dejarlas reposar 15 minutos. Untarlas de nuevo con el aceite y volver a estirarlas haciendo hendiduras con las puntas de los dedos (6).

Dejarlas reposar 15 minutos y volver a estirarlas de nuevo.

Hornear 25 minutos con el horno a 220 °C, calor arriba y abajo, sin vapor, y con cuidado de que el pimentón no se queme.

Dejar enfriar y cortar en rectángulos de 10 x 15 cm.

Ingredientes

Masa madre
(de la noche anterior)

100 g de harina panificable

50 g de agua

0,2 g de levadura fresca (equivalente a una lenteja)

Masa final

150 g de masa madre

350 g de harina panificable (W180)

250-270 g de agua

8 g de sal

1 g de levadura (aproximadamente un garbanzo)

Para manipular

Aceite de oliva

Cañada, sin amasado

Aragón

La cañada es la torta usada en Aragón para comprobar cómo está el horno antes de meter la hogaza. Igual que muchos parientes de esta familia, es un pan fino de miga húmeda y corteza bien tostada que se unta con aceite antes y después del horneado. Como otras tortas, se manipula antes de la cocción para crear una estructura de miga irregular; la fascinación viene al comprobar cómo en algunos obradores aragoneses se realizan exactamente los mismos gestos para manipular la cañada que en el lejano Irán para manipular el babari, uno de los panes más tradicionales de aquel país. Panes antiguos y gestos antiguos que vienen de la cuna de los cereales y del propio pan.

Método

Preparar la masa madre la noche anterior y dejarla fermentar al menos 12 horas por encima de 20 °C (lo ideal es cerca de 25 °C).

Al día siguiente, mezclar todos los ingredientes. Quedará una masa muy pegajosa (1). Tras mezclarlos, dejar descansar la masa 10 o 15 minutos en el bol tapado. Transcurrido ese tiempo, la masa estará más cohesionada y no se pegará tanto.

Amasar a pliegues (2): dar 4 o 5 pliegues separados cada uno por 20-30 minutos de reposo. Tras el último pliegue, dejar fermentar la masa durante aproximadamente 2 horas (se puede amasar de corrido o bien con amasadora; en ese caso, hay que sumar al tiempo de fermentación las casi dos horas que hubiera estado fermentando entre pliegues).

La masa estará hinchada y será delicada. Dividirla en dos porciones iguales, bolearlas muy suavemente sobre la mesa bien enharinada (3) y dejarlas reposar 20 minutos.

Estirar delicadamente las masas hasta que formen bandas alargadas de unos 40 x 20 cm (4) y transferirlas a una hoja de papel de hornear. Dejarlas reposar 30 minutos

Untar de aceite la superficie de las cañadas y marcar con las puntas de los dedos haciendo hileras paralelas con un gesto parecido al de tocar el piano (5).

Hornear 20 minutos con el horno a 250 °C, calor arriba y abajo, sin vapor.

Sacarlas del horno, volver a pincelarlas con aceite y dejarlas enfriar (6).

---

1 Punto de humedad de la masa tras el mezclado. | **2** Amasar a pliegues y en intervalos, estirando y plegando. | **3** Bolear muy delicadamente, sin desgasificar. | **4** Estirar y pasar las cañadas a una hoja de papel de hornear. | **5** Marcar las cañadas haciendo hileras apretando con las puntas de los dedos. | **6** Al sacarlas del horno, volver a pincelarlas con aceite de oliva. | **7** Miga de la cañada.

Ingredientes

Masa madre
(de la noche anterior)

100 g de harina panificable

60 g de agua

0,2 g de levadura fresca (equivalente a una lenteja)

Masa final

160 g de masa madre

450 g de harina panificable suave (W130)

270-280 g de agua

10 g de sal

Para manipular

Aceite de oliva y sal gruesa

Saladilla

Andalucía

La «salaílla» es una institución en Granada, donde se consume por miles, especialmente el Día de la Cruz y en las fiestas del patrón de la ciudad, san Cecilio. Es una torta plana hecha con harina no muy fuerte y que, gracias a unos tiempos generosos de fermentación y a la manipulación, consigue una estructura esponjosísima que contrasta con la corteza salada y de crujido delicado. Con unas habas, con bacalao, con jamón o a pellizcos, es irresistible.

Método

Preparar la masa madre la noche anterior y dejarla fermentar al menos 12 horas por encima de 20 °C (lo ideal es cerca de 25 °C).

Al día siguiente, mezclar todos los ingredientes. Quedará una masa manejable, nada pegajosa (1). Tras mezclarla, dejarla descansar 10 o 15 minutos en el bol tapado. Transcurrido ese tiempo, la masa estará cohesionada y resultará agradable.

Amasar sobre la mesa unos 5 minutos (2), hasta que esté bien fina (3). También se puede amasar a intervalos (consultar el capítulo de técnicas).

Dejar fermentar entre 2 horas y 30 minutos y 3 horas.

Dividir la masa en tres piezas iguales y bolearlas muy delicadamente (4).

Dejarlas fermentar 30 minutos.

Bajar las bolas hasta formar discos de masa de unos 20 cm de diámetro (5). Taparlos con una tela y dejarlos fermentar aproximadamente entre 1 hora y 1 hora y 30 minutos.

Antes del horneado, extender un chorrito de aceite sobre cada torta de pan, de modo que una fina capa las cubra por completo. Marcar suavemente con las yemas de los dedos y espolvorear con sal gruesa (6).

Calentar el horno a 250 °C, calor arriba y abajo, sin vapor. Meter las saladillas y bajar el horno a 240 °C. Cocer aproximadamente entre 15 y 18 minutos, hasta que las saladillas tengan un dorado intermedio.

Dejar enfriar en una rejilla.

---

1 Punto de humedad de la masa tras el mezclado. | 2 Amasar sobre la mesa unos 5 minutos, hasta que esté fina. | 3 Textura de la masa tras el amasado. | 4 Dividir en tres piezas iguales y bolearlas muy delicadamente. | 5 Bajar las bolas hasta formar discos de masa de unos 20 cm de diámetro. | 6 Untar de aceite y marcar con las yemas de los dedos. | 7 Miga de la saladilla.

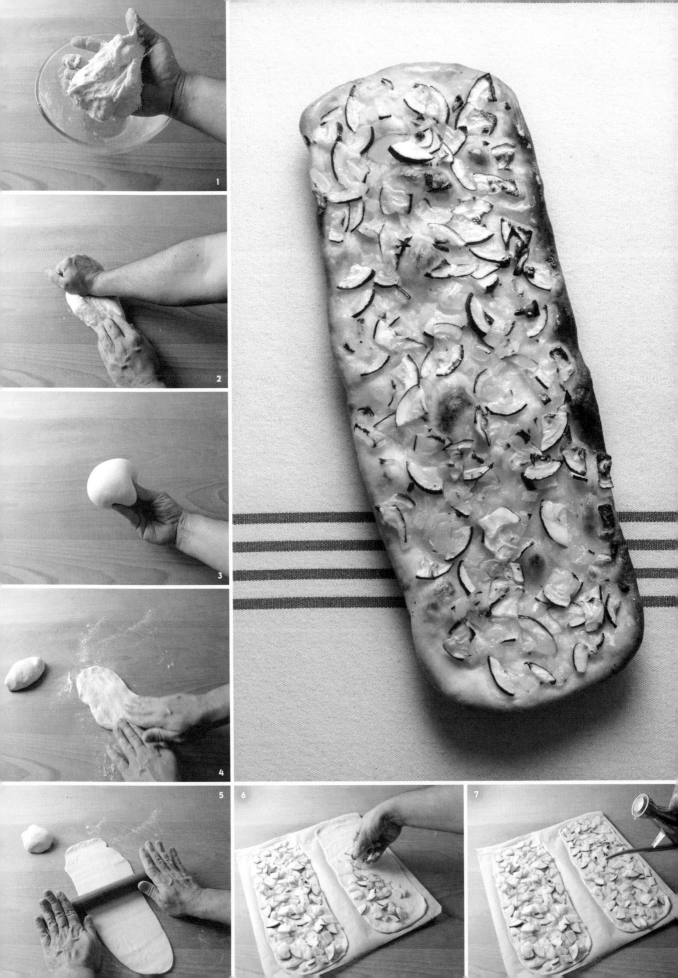

Ingredientes

Masa madre
(de la noche anterior)

30 g de harina panificable

15 g de agua

2 g de masa madre de cultivo

Masa final

47 g de masa madre

220 g de harina panificable suave (W130)

110 g de agua

25 g de aceite de oliva

4 g de sal

1 g de levadura

Para el relleno

200 g de calabacín

80 g de cebolla

Aceite de oliva virgen

Sal gruesa

---

1 Punto de humedad de la masa tras el mezclado. | 2 Amasar sobre la mesa hasta que la masa esté bien fina. | 3 Textura de la masa tras el amasado. | 4 Estirar las piezas de masa sobre la mesa con las manos. | 5 Acabar de estirarlas con el rodillo hasta que midan unos 35 x 15 cm. | 6 Cortar el calabacín y la cebolla, frotarlos con aceite y colocarlos en una capa fina sobre la masa. | 7 Antes de hornear, añadir un chorrito de aceite y un poco de sal gruesa en la coca.

Coca de calabacín y cebolla

Cataluña

Las numerosas tortas y empanadas de productos de la matanza dibujan el paisaje de los panes invernales, sustanciosos y rotundos. Sin embargo, el uso sabio de hortalizas y verduras expresa, como la mejor sinfonía, el aroma de la primavera y el verano. Esta coca catalana de calabacín y cebolla es una de las elaboraciones más delicadas que se pueden encontrar. Con un par de ingredientes muy modestos, el resultado es tan brillante como el sol del verano.

Método

Preparar la masa madre la noche anterior y dejarla fermentar al menos 12 horas por encima de 20 °C (lo ideal es cerca de 25 °C).

Al día siguiente, mezclar todos los ingredientes. Quedará una masa un poco pegajosa y ligera (1). Tras mezclarlos, dejar descansar la masa 10 o 15 minutos en el bol tapado. Transcurrido ese tiempo, la masa estará más cohesionada y no se pegará tanto.

Amasar sobre la mesa unos 5 o 7 minutos (2), hasta que la masa esté bien fina (3). También se puede amasar a intervalos (consultar el capítulo de técnicas).

Dejar fermentar aproximadamente 3 horas.

Dividir la masa en dos piezas iguales de unos 200 g. Bolearlas muy delicadamente.

Dejarlas reposar 20 minutos.

Estirar las bolas poco a poco, primero con las manos (4) y finalmente con el rodillo, hasta que midan unos 35 x 15 cm (5). El grosor será de apenas 2 mm escasos. Colocar las dos bandas de masa sobre una hoja de papel de hornear.

Cortar el calabacín y la cebolla longitudinalmente en cuartos y luego en juliana para obtener pequeñas láminas de 2 mm de grosor. Poner las láminas en un bol con un chorrito de aceite y sal, y remover para que se impregnen bien.

Disponer el calabacín y la cebolla sobre las tiras de masa repartiéndolo todo en una fina capa, sin que se amontone (6). Antes de enhornar, echar en la coca un chorrito de aceite de oliva virgen y sal gruesa (7).

Hornear a 230 °C, calor arriba y abajo con ventilador (250 °C sin ventilador), de 16 a 19 minutos, hasta que la base de la coca esté bien tostada y crujiente.

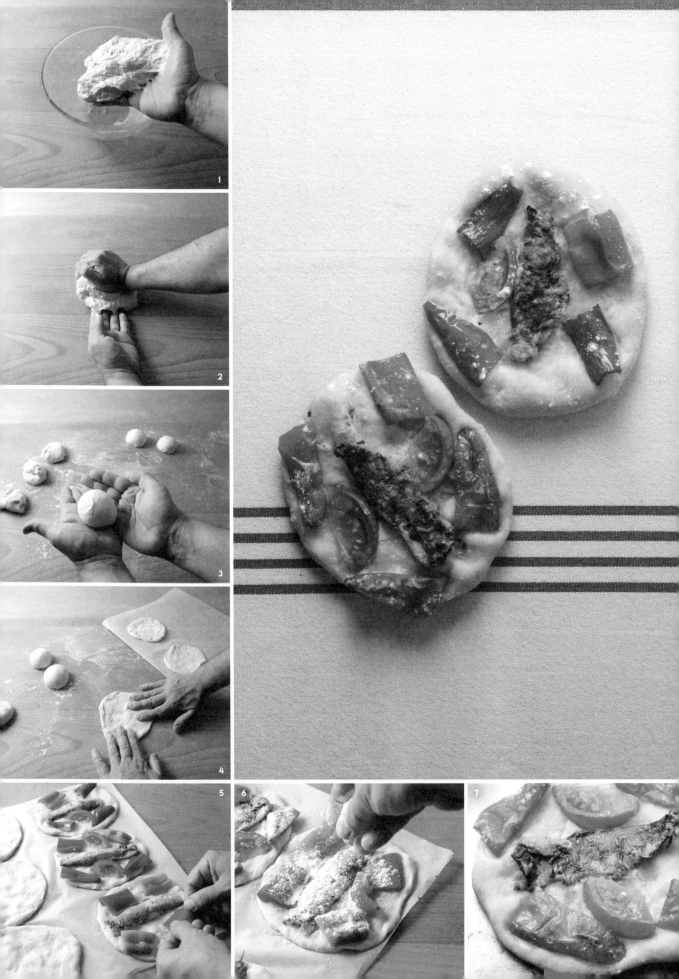

Masa madre
(de la noche anterior)

100 g de harina panificable

60 g de agua

0,2 g de levadura fresca (equivalente a una lenteja)

Masa final

160 g de masa madre

300 g de harina panificable (W180)

150 g de agua

30 g de aceite de oliva

6 g de sal

0,5 g de levadura (aproximadamente medio garbanzo)

Para el relleno

3 sardinas de casco, bota, arengada

2 tomates medianos

2 pimientos medianos, rojos, verdes o mezcla

Aceite de oliva y harina

---

1 Punto de humedad de la masa tras mezclar los ingredientes. | 2 Amasar sobre la mesa unos 5 minutos, hasta que la masa esté fina. | 3 Dividir en piezas de unos 100 g y bolearlas suavemente. | 4 Bajar las piezas hasta que midan de 13 a 15 cm de diámetro. | 5 Colocar un filete de sardina y unos trozos de pimiento y tomate por torta. | 6 Echar un chorro de aceite y un poco de harina antes del horneado. | 7 Una vez horneadas las tortas, las hortalizas estarán tiernas y jugosas.

Torta de sardina

Varias regiones

Antes de convertirnos en una sociedad rica y opulenta, el pan cumplía una función nutricional esencial y las elaboraciones secundarias con la misma masa eran consideradas verdaderos tesoros. En muchas zonas de España hay una generación a la que la mención de las humildes coquetes de sardinas le enciende los ojos con un brillo especial. En cada zona se emplean distintas palabras para referirse a ellas, pero el cariño al pronunciarlas es el mismo. Hoy en día las sardinas en salazón no son tan apreciadas, pero un mordisco a esta sencilla torta hace que reencontremos un tesoro modesto y cercano. Es habitual acompañar la sardina con alguna hortaliza para contrarrestar el salado y, en un inteligente gesto, en algunas panaderías cubren la sardina con el pimiento para protegerla e hidratarla.

Método

Preparar la masa madre la noche anterior y dejarla fermentar al menos 12 horas por encima de 20 °C (lo ideal es cerca de 25 °C).

Al día siguiente, mezclar todos los ingredientes. Quedará una masa un poco pegajosa (1). Tras mezclarlos, dejar descansar la masa 10 o 15 minutos en el bol tapado.

Amasar sobre la mesa unos 5 o 7 minutos hasta que esté fina (2). También se puede amasar a intervalos (consultar el capítulo de técnicas).

Dejar fermentar aproximadamente 3 horas.

Dividir la masa en piezas de unos 100 g y bolearlas muy delicadamente (3).

Dejarlas reposar 30 minutos y bajarlas con las manos hasta formar tortas de unos 13-15 cm de diámetro (4). Disponerlas en una hoja de papel de hornear.

Dejarlas fermentar 30-45 minutos antes de colocar el relleno.

Sacar los filetes a las sardinas (también se pueden poner enteras). Por cada torta, colocar un filete, tres o cuatro trozos de pimiento y un par de trozos de tomate (5).

Echar un chorro de aceite de oliva y espolvorear cada torta con harina, que absorberá la humedad excesiva durante el horneado (6).

Hornear de 15 a 18 minutos con el horno a 220 °C, calor arriba y abajo, sin vapor. Sacar del horno cuando las hortalizas parezcan ya tiernas.

Ingredientes

Masa madre
(de la noche anterior)

40 g de harina panificable

20 g de agua

2 g de masa madre de cultivo

Masa final

62 g de masa madre

280 g de harina panificable suave
(W130)

100-110 g de agua

45 g de aceite de oliva

5 g de sal

2 g de levadura

Para el relleno

2 pimientos morrones asados

2 berenjenas asadas

Media cebolla asada

2 butifarras o longanizas pequeñas

Para manipular

Aceite de oliva virgen y sal

Coca de recapte

Cataluña

El Mediterráneo es la tierra de los sabrosos panes planos con ingredientes estacionales: la pizza, la pissaladière *y las cocas. En estos finos panes se expresa, como en pocos sitios, la estacionalidad, lo local y el carácter único de un lugar: la idea de terruño. La coca de recapte es uno de los emblemas de la panadería catalana y en ella se ha empleado tradicionalmente lo que había en la despensa: hortalizas de temporada y embutidos o pescado en salazón. En distintas comarcas catalanas se elabora con sutiles diferencias: en algunos lugares las hortalizas se ponen crudas; en otros, ya cocinadas. Esta versión propone el uso de una masa muy fina y crujiente junto con hortalizas escalivadas (asadas) y butifarra, pero se puede añadir lo que haya por casa, haciendo honor al espíritu original de la elaboración.*

Método

Preparar la masa madre la noche anterior y dejarla fermentar al menos 12 horas por encima de 20 °C (lo ideal es cerca de 25 °C).

Al día siguiente, mezclar todos los ingredientes. Quedará una masa manejable, no muy pegajosa (1). Tras mezclarlos, dejar descansar la masa 10 o 15 minutos en el bol tapado.

Amasar sobre la mesa entre 5 y 7 minutos (2), hasta que esté bien fina (3). También se puede amasar a intervalos (consultar el capítulo de técnicas).

Dejar fermentar aproximadamente 2 horas.

Dividir la masa en dos piezas iguales de unos 250 g. Si se quiere una coca muy fina y crujiente, se pueden hacer bolas de 200 g. Bolearlas muy delicadamente (4).

Dejarlas fermentar unos 45 minutos.

Estirar las bolas con el rodillo hasta que midan unos 40 x 15 cm (5) (si el horno es más grande, hacerla más larga). El grosor será de apenas 2 mm.

Colocar uniformemente sobre la masa las hortalizas y el embutido (6); espolvorear con sal y echar un chorrito de aceite.

Hornear a 240 °C, calor arriba y abajo, sin vapor, durante 30-35 minutos, hasta que las hortalizas hayan perdido mucha de su agua y la base esté dorada y crujiente. Al sacar las cocas del horno, echar un chorro de aceite de oliva virgen por encima.

1 Punto de humedad de la masa tras mezclar los ingredientes. | 2 Amasar sobre la mesa hasta que la masa esté bien fina. | 3 Textura de la masa tras el amasado. | 4 Bolear las piezas de masa suavemente. | 5 Estirarlas con el rodillo hasta que midan unos 40 x 15 cm. | 6 Disponer uniformemente sobre la masa las hortalizas y el embutido; añadir un poco de sal y echar un chorrito de aceite. | 7 Hortalizas asadas, dulzonas, embutido salado y textura crujiente con sabor a cereal.

Ingredientes

Masa madre
(de la noche anterior)

65 g de harina panificable

35 g de agua

5 g de masa madre de cultivo

Masa final

105 g de masa madre

535 g de harina panificable (W180)

315-325 g de agua

25 g de manteca cocida de vaca (o mantequilla)

10 g de sal

2 g de levadura

Para el relleno

4 chorizos de unos 80-100 g

4 lonchas de tocino

4 huevos cocidos, cortados en rodajas

---

1 Punto de humedad de la masa tras el mezclado. | 2 Amasar sobre la mesa unos 5-7 minutos, hasta que esté fina. | 3 Colocar el tocino, el huevo en rodajas y el chorizo sobre la masa, y plegar los extremos de la masa sobre el chorizo. | 4 Enrollar la masa sobre el chorizo como formando una barra de pan, pero dejando un labio. | 5 Sellar apretando con el canto de la mano o el antebrazo. | 6 Cocer con el sellado hacia arriba.| 7 Interior de un bollo «preñao».

Bollos «preñaos»

Asturias

Rellenar masa de pan con algún embutido es una costumbre extendida allá donde hay panaderías. En Asturias esto ha dado origen a varias masas «preñadas», desde contundentes boronas de maíz hasta los bollos «de comadres» con su ingente cantidad de mantequilla o al festivo bollo «preñao», protagonista de las fiestas de distintas partes de la región. El bollo se suele elaborar a menudo con masa de pan. En esta versión, un poco de manteca cocida (mantequilla clarificada) da un toque muy aromático a la masa, y el relleno de tocino, huevo y chorizo hace que el bollo sea especialmente jugoso.

Método

Preparar la masa madre la noche anterior y dejarla fermentar al menos 12 horas por encima de 20 °C (lo ideal es cerca de 25 °C).

Al día siguiente, mezclar todos los ingredientes. Quedará una masa un poco pegajosa (1). Tras mezclar los ingredientes, dejar descansar la masa 10 o 15 minutos en el bol tapado.

Amasar sobre la mesa unos 5 o 7 minutos, hasta que la masa esté fina (2). También se puede amasar a intervalos (consultar el capítulo de técnicas).

Dejarla fermentar aproximadamente 3 horas.

Dividir la masa en cuatro porciones de 250 g, bolearlas y dejarlas reposar 30 minutos.

Aplastar cada bola con las manos hasta formar una elipse de unos 20 x 15 cm.

Colocar sobre la masa, en este orden, la loncha de tocino, el huevo en rodajas y un chorizo.

Plegar los extremos del lado más largo de la masa sobre las puntas del chorizo (3) y finalmente enrollarla como haciendo una barra de pan, pero dejando un labio o borde (4). Con el canto de la mano o el antebrazo, sellar con firmeza ese borde (5).

Poner a fermentar sobre una tela con el sellado hacia abajo (en contacto con la tela).

Dejar fermentar aproximadamente 1 hora.

Pasar las piezas a una hoja de papel de hornear con el sellado hacia arriba (6).

Cocer con el horno a 250 °C, calor solo abajo, con una bandeja metálica en la base del horno; echar 100 ml de agua caliente en la bandeja al comenzar la cocción. Tras 5 minutos, retirar la bandeja con agua y continuar el horneado otros 15-20 minutos a 220 °C, hasta que los bollos tengan un bonito dorado.

Ingredientes

600 g de harina panificable suave (W130)

100 g de manteca de cerdo

100 g de huevo (2 unidades medianas)

50 g de aceite de oliva

150 g de agua

10 g de sal

10 g de levadura

Para el relleno

250 g de chorizo no muy maduro, en rodajas

450 g de lomo adobado, en filetes

150 g de jamón en rodajas gruesas

Huevo batido, para pincelar

Opcional

Huevo cocido, en rodajas

---

1 Punto de humedad de la masa tras el mezclado. | 2 Amasar sobre la mesa hasta que la masa esté bien fina. | 3 Colocar el embutido en capas. | 4 Colocar la tapa cubriendo el embutido. | 5 Estirar los restos de la masa hasta que mida 35 x 10 cm y cortarla en cintas. | 6 Decorar con un enrejado de masa y acabar haciendo un repulgo en el borde. | 7 Interior jugoso y cárnico del hornazo.

Hornazo al estilo salmantino

Castilla y León

La palabra «hornazo» es una de las más polisémicas del recetario panadero español. En docenas de comarcas significa cosas distintas. Por norma general, es una rosca con huevos, pariente de otros panes pascuales del Mediterráneo, y en no pocos lugares es un dulce. Sin embargo, en partes de Salamanca, Ávila y aledaños, se trata de una potente empanada de embutido que a veces cuenta también con huevo. Este hornazo es un verdadero tótem gastronómico, una de las cartas de presentación de la rica charcutería local.

Método

Diluir la sal y la levadura en el agua, añadir el aceite, los huevos y batirlo todo. Mezclarlo finalmente con la harina y la manteca.

Ha de quedar una masa bastante seca (1). Si queda húmeda, corregir con harina.

Amasar sobre la mesa unos 5 minutos hasta que la masa esté fina (2).

Dejar reposar 20 minutos mientras se prepara y se corta el resto de los ingredientes.

Dividir la masa en tres porciones: una de unos 500 g, que será la base; una de 450 g, que será la tapa, y otra con el resto, que será la decoración.

Estirar con el rodillo la bola de la base hasta que mida unos 30 x 35 cm (algo menos de 0,5 cm de grosor).

Colocar encima, por capas y en este orden, el chorizo, el lomo y el jamón (3) (y otra de huevo cocido si así se decide).

Estirar la bola de la tapa hasta que mida 30 x 35 cm. Colocar la tapa (4) y apretar los bordes de ambas placas de masa sellándolos. Si hay un exceso de borde, se puede recortar y usar para la decoración.

Se puede decorar con letras o bien hacer un enrejado.

Para ello, estirar la masa restante con el rodillo hasta que mida unos 35 x 10 cm y cortar cintas largas (5). Colocar las cintas a modo de enrejado sobre la masa y sellar las tapas con un repulgo (6).

Pincelar con huevo batido.

Dejar reposar media hora y volver a pincelar con huevo batido.

Hornear unos 35 o 40 minutos a 220 °C, calor arriba y abajo, sin vapor. En la última parte de la cocción, bajar la temperatura a 200 °C y poner la bandeja del horno en la posición más baja, para que se haga bien la base.

Ingredientes

Masa madre
(de la noche anterior)

65 g de harina panificable (W180)

35 g de agua tibia

5 g de masa madre de cultivo sólida, ya refrescada

Masa final

105 g de masa madre

270 g de harina de maíz

115 g de harina clara de centeno

325-340 g de agua

2 g de levadura

Para el relleno o zaragallada

500 g de cebolla (dos medianas)

500 g de sardinas pequeñas (xoubas)

50 g de pimiento verde

50 g de pimiento morrón

1 diente de ajo

10 hebras de azafrán

1 cucharada de postre de pimentón picante

1 cucharada de postre de pimentón dulce

Aceite de oliva, para freír

---

1 Textura húmeda de la masa de maíz. | 2 Utilizar el aceite que suelta el sofrito para untar el molde. | 3 Estirar una de las dos mitades hasta obtener un disco de unos 30 cm de diámetro. | 4 Colocar una capa de sofrito, una de xoubas y otra de sofrito. | 5 Para la tapa de la empanada, estirar trocitos de masa con las manos mojadas y colocarlos como parches hasta completar la tapa. | 6 Marcar con la parte roma del cuchillo una rejilla, para que no se quiebre demasiado. | 7 La zaragallada otorga a la empanada una jugosidad antológica.

Empanada de millo

Galicia

En la galaxia de las empanadas hay estrellas que brillan con gran fuerza; las cocas tapadas, panades y cocarrois del Mediterráneo son astros formidables. Por su parte, en Galicia no se puede hablar de una empanada, sino de una auténtica constelación, con infinidad de variantes de masa y relleno. La de maíz (millo) es un clásico de esa rusticidad esencial gallega que combina de forma magistral pocos ingredientes con un resultado incomparable. Es común rellenarla de pescado o moluscos (zamburiñas, pulpo, bacalao); esta va rellena de xoubas, sardinas pequeñas.

Método

Preparar la masa madre la noche anterior y dejarla fermentar al menos 12 horas por encima de 20 °C (lo ideal es cerca de 25 °C).

Verter 290 g de agua recién hervida sobre la harina de maíz y remover. Dejar enfriar el escaldado.

Rehogar el sofrito con todos los ingredientes, menos las sardinas, una media hora, hasta que la cebolla esté blanda.

Mezclar todos los ingredientes de la masa, incluido el escaldado y la masa madre, añadiendo los 50 g de agua restantes poco a poco, hasta formar una masa algo pegajosa (1).

Trabajar con la mano un par de minutos y dejar fermentar la masa media hora.

Limpiar las sardinas, quitar la cabeza, las vísceras y la espina (si son muy pequeñas, se les puede dejar la espina).

Con el aceite que suelta el sofrito (2), untar la base de un molde metálico redondo de 30 cm de diámetro.

Dividir la masa en dos partes y estirar una en forma de disco de unos 30 cm de diámetro (3).

Colocarla en el molde, ajustar los laterales y cubrirla con una capa de sofrito, una de sardinas (pueden ir abiertas o cerradas) y finalmente otra capa fina de sofrito (4).

Para la tapa, se puede hacer un disco de masa o bien estirar trocitos de masa con las manos mojadas formando parches (5) y colocarlos hasta completar la tapa.

Usar un tenedor mojado para acabar de estirar la masa.

Antes de enhornar, untar la empanada con huevo o con aceite del sofrito y marcar una rejilla con la parte roma del cuchillo (6).

Hornear a 200 °C durante 35 o 40 minutos.

Ingredientes

Masa madre
(de la noche anterior)

60 g de harina panificable

35 g de agua

5 g de masa madre de cultivo

Masa final

105 g de masa madre

500 g de harina panificable suave
(W130)

200 g de agua

50 g de aceite de oliva

50 g de manteca de cerdo

10 g de sal

1 g de levadura

Para el relleno

2 o 3 tajadas gruesas de jamón

2 o 3 morcillas pequeñas no muy
curadas

2 o 3 butifarras o longanizas
pequeñas

3 o 4 tajadas gruesas de panceta

---

1 Punto de humedad de la masa tras mezclar los ingredientes. | 2 Amasar sobre la mesa hasta que la masa esté bien fina. | 3 Textura de la masa tras el amasado. | 4 Estirar la masa hasta que mida unos 30 x 40 cm. | 5 Hacer un repulgo en el borde para evitar que chorree la grasa. | 6 Disponer uniformemente el embutido apretando para que se hunda en la masa. | 7 Miga jugosa y suculenta de la torta de tajadas.

Torta de tajadas

Varias regiones

En el interior de Valencia, Cuenca o Teruel se pueden encontrar estas tortas desbordantes de los tesoros de la deliciosa matanza local (con el añadido de alguna sardina en salazón o alguna hortaliza). Estas tortas saladas se encuentran bajo nombres clásicos como bollo de Requena, torta de Utiel, torta de «tajá», «regañao» o simplemente «mona». Para muchas generaciones, estas elaboraciones, como pocas, están cargadas de un importante componente emotivo: traen imágenes de almuerzos campestres junto al río del pueblo, romerías con los amigos y la familia o ratos compartidos en momentos del pasado que a menudo quedan suspendidos en el área más dulce de la memoria.

Método

Preparar la masa madre la noche anterior y dejarla fermentar al menos 12 horas por encima de 20 °C (lo ideal es cerca de 25 °C).

Al día siguiente, mezclar todos los ingredientes. Quedará una masa manejable, no muy pegajosa (1). Tras mezclarlos, dejar descansar la masa 10 o 15 minutos en el bol tapado.

Amasar sobre la mesa unos 5 o 7 minutos (2), hasta que la masa esté bien fina (3). También se puede amasar a intervalos (consultar el capítulo de técnicas).

Dejarla fermentar aproximadamente 2 horas y 30 minutos.

Aplanar la masa, primero a mano y luego con el rodillo, hasta que forme un rectángulo de aproximadamente 30 x 40 cm, de casi 2 cm de grosor. Pasarla a una hoja de papel de hornear y corregir la forma (4).

Dejar fermentar aproximadamente 1 hora y 30 minutos, hasta que la masa haya crecido y esté tierna.

Hacer un repulgo por todo el contorno de la masa (5) para que no se escape la grasa que puedan soltar los embutidos.

Colocar los embutidos de forma regular por toda la superficie, presionando para que se hundan en la masa (6).

Hornear durante 30 minutos a 220 °C, calor arriba y abajo, sin vapor, hasta que la masa esté dorada y los embutidos bien cocidos.

Opcionalmente se puede pincelar la masa con aceite al sacarla del horno.

Tortas dulces

El panadero no solamente ha aprendido a domesticar el fuego y a comprender los misterios de la fermentación, sino que además combina estos dos saberes esenciales para crear algunas de las piezas más inolvidables de la panadería con la ayuda de ingredientes dulces. Estos panes planos dulces, elaborados en muchas ocasiones con una proverbial inocencia y escasez de recursos (poco más que azúcar y aceite), son a menudo las piezas más deseadas y estimadas, como las tortas de aceite y manteca, las protagonistas de muchos de nuestros recuerdos más queridos.

Ingredientes

Masa madre
(de la noche anterior)

40 g de harina panificable

20 g de agua

20 g de masa madre de cultivo

Masa final

30 g de masa madre

250 g de harina entrefuerte (W250) (o bien 175 g de W180 y 75 g de W300)

175 - 190 g de agua

5 g de sal

1 g de levadura (aproximadamente un garbanzo)

Para el acabado

Aceite de oliva virgen

Azúcar

Licor de anís

Opcional

Piñones para añadir junto al azúcar

Coca de forner, sin amasado
Cataluña

La coca de forner *(«torta de panadero») es una de mis elaboraciones favoritas. Es una muestra del ingenio panadero que consigue, con humilde masa de pan, todas las texturas y sabores imaginables: bordes tostados y crujientes y pocitas tiernas de almíbar. Una prosaica masa se unta con aceite, se espolvorea con azúcar y se mete en el horno con un calor brutal (para darle humedad, bajar un poco su ímpetu y poder cocer las hogazas después). Nada más sacarla del horno, un chorro de licor de anís finaliza el truco de magia.*

Método

Preparar la masa madre unas 3 horas antes de amasar y dejarla fermentar a 25 °C.

Al día siguiente, mezclar solamente la harina y el agua (se puede hacer con una cuchara, para evitar mancharse las manos). Quedará una masa muy pegajosa (1).

Dejar reposar la masa 30 minutos y finalmente añadir el resto de los ingredientes. Nada más mezclarla, dejarla descansar 10 o 15 minutos en el bol tapado.

Amasar a pliegues (2): dar cuatro o cinco pliegues separados cada uno por 20-30 minutos de reposo. Tras el último pliegue, dejar fermentar durante aproximadamente 1 hora (se puede amasar de corrido o bien con amasadora; en ese caso, hay que sumar el tiempo que hubiera estado fermentando entre pliegues).

Dividir en dos porciones iguales y formar dos barrotes de masa, dándole tensión sin desgasificar en exceso (3).

Dejar fermentar 1 hora.

Bajar los barrotes marcando la masa con el canto de la mano, creando diagonales paralelas (4). Repetir el marcado en el sentido opuesto, creando una estructura como de rejilla.

Dejar fermentar entre 30 y 45 minutos.

Estirar las masas sobre una hoja de papel de hornear hasta que midan casi 40 cm de largo (5) y ensancharlas. Esparcir aceite por encima y espolvorear con azúcar.

Cocer 15 minutos con el horno a 250 °C, calor arriba y abajo (con ventilador, si lo hubiera). Se puede poner el papel con las cocas los tres primeros minutos directamente sobre la base del horno para darles más crujido y luego pasarlas a la bandeja.

Al sacarlas del horno, echar un chorrito de anís sobre las cocas (6).

---

1 Punto de humedad tras mezclar harina y agua. | 2 Amasar a pliegues, estirando y plegando. | 3 Formar dos barrotes sin desgasificar mucho. | 4 Marcar con el canto de la mano en diagonal y repetir en el otro sentido. | 5 Pasar las cocas a una hoja de papel estirándolas hasta que midan 40 cm. | 6 Nada más salir del horno, echar un chorrito de anís, sin empapar demasiado. | 7 Miga abierta y corteza tostada de la *coca de forner*.

Ingredientes

Masa madre
(de la noche anterior)

50 g de harina panificable

25 g de agua

0,2 g de levadura fresca
(equivalente a una lenteja)

Masa final

75 g de masa madre

270 g de harina panificable suave
(W130)

150-160 g de agua

20 g de aceite de oliva virgen

5 g de sal

1 g de levadura fresca (aproximadamente un garbanzo)

Para decorar

Aceite de oliva y azúcar

Jayuya

Andalucía

El término «jayuya» (o «hallulla») es de origen árabe y hace referencia, hoy en día, a una gran cantidad de panes planos, por lo general redondos, tanto en España como en América. La jayuya granadina es el reverso dulce de la saladilla y representa la más sencilla y encantadora versión del humilde dulce hecho por el panadero: masa de pan, aceite y azúcar. Actualmente es habitual que los obradores elaboren una masa específica a la que se añade un poco de aceite para hacerla aún más tierna y delicada. Hay que maravillarse ante lo delicioso de una pieza tan esencial.

Método

Preparar la masa madre la noche anterior y dejarla fermentar al menos 12 horas por encima de 20 °C (lo ideal es cerca de 25 °C).

Al día siguiente, mezclar todos los ingredientes. Quedará una masa manejable, muy poco pegajosa (1). Nada más acabar de mezclarla, dejarla descansar 10 o 15 minutos en el bol tapado. Transcurrido ese tiempo, la masa estará más cohesionada y no se pegará tanto.

Amasar sobre la mesa unos 4 o 5 minutos, hasta que esté bien fina (2). La harina de poca fuerza y el aceite harán que se amase fácilmente y que en poco tiempo esté fina y lisa. También se puede amasar a intervalos (consultar el capítulo de técnicas).

Dejar fermentar aproximadamente 1 hora y 30 minutos.

Bolear la masa dándole tensión (3).

Dejar fermentar 2 horas, hasta que esté bien hinchada pero no pasada.

Aplanar la bola aplastándola hasta formar un disco de masa de unos 30 cm de diámetro (4). Taparla con una tela y dejar fermentar aproximadamente 45 minutos.

Antes del horneado, hacer agujeros marcando con las yemas de los dedos en toda la superficie (5), pincelar con aceite y espolvorear con una generosa cantidad de azúcar (6).

Calentar el horno a 230 °C, calor arriba y abajo, sin vapor. Cocer durante 25 o 30 minutos, hasta que tengan un dorado intermedio.

Dejar enfriar en una rejilla.

---

1 Punto de humedad de la masa tras haber mezclado los ingredientes. | 2 Amasar sobre la mesa hasta que esté fina. | 3 Bolear dando tensión. | 4 Aplanar la masa fermentada con delicadeza hasta que mida unos 30 cm de diámetro. | 5 Marcar con los dedos la masa antes del horno. | 6 Pincelar con aceite y espolvorear con azúcar. | 7 Miga de la jayuya.

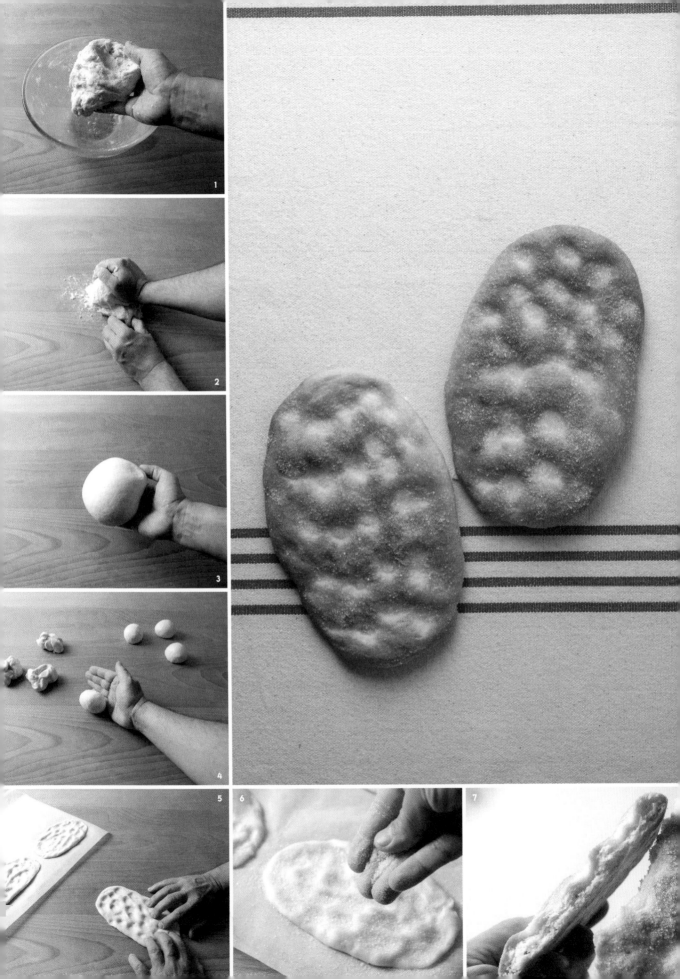

Ingredientes

Torta de manteca

Varias regiones

Las sencillas tortas de manteca de cerdo, junto con las de aceite de oliva, son probablemente las tortas dulces más extendidas del país. Su propuesta es modesta: masa de pan con alguna grasa que le aporte jugosidad. A menudo estas elaboraciones prescinden del azúcar en la masa, y la única concesión a lo dulce es el azúcar que decora la torta antes de meterla en el horno. Estas piezas de repostería panadera son de una gran sobriedad y hoy pueden parecer inocentes, incluso un poco pobres, pero antaño eran celebradas como la cosa más exquisita. En estos panes planos de prosaica manteca de cerdo se encuentra otro detalle maravilloso: las marcas dejadas por los dedos del panadero son un rastro de humanidad y hacen que cada pieza sea única y singular, lo que es inspirador en una época de fiebre obsesiva por la asepsia y de procesos mecanizados e impersonales.

Método

Preparar la masa madre la noche anterior y dejarla fermentar al menos 12 horas por encima de 20 °C (lo ideal es cerca de 25 °C).

Al día siguiente, mezclar todos los ingredientes. Quedará una masa un poco pegajosa por la manteca, pero tras el reposo se pegará menos (1). Nada más acabar de mezclarla, dejarla descansar 10 o 15 minutos en el bol tapado.

Amasar sobre la mesa unos 4-5 minutos, hasta que esté bien fina (2). También se puede amasar a intervalos (consultar el capítulo de técnicas). Será una masa blanda pero cohesionada (3).

Dejar fermentar aproximadamente 1 hora.

Dividir en porciones de unos 100 g y bolearlas con suavidad (4).

Dejar reposar la masa 5 minutos y estirarla con la mano formando elipses de unos 20 x 10 cm (5).

Dejar fermentar aproximadamente 2 horas.

Espolvorear con azúcar (6).

Calentar el horno a 200 °C, calor arriba y abajo, sin vapor. Cocer aproximadamente de 10 a 13 minutos, hasta que tengan un dorado intermedio, sin dejar que se sequen demasiado en el horno.

Dejar enfriar en una rejilla.

---

1 Punto de humedad de la masa tras haber mezclado los ingredientes. | 2 Amasar sobre la mesa hasta que esté fina. | 3 Textura de la masa tras el amasado. | 4 Dividir en piezas de 100 g y bolearlas suavemente. | 5 Estirar la pieza sobre la mesa marcando con los dedos hasta que mida unos 20 x 10 cm. | 6 Espolvorear con azúcar antes del horneado. | 7 Miga suculenta de la torta de manteca.

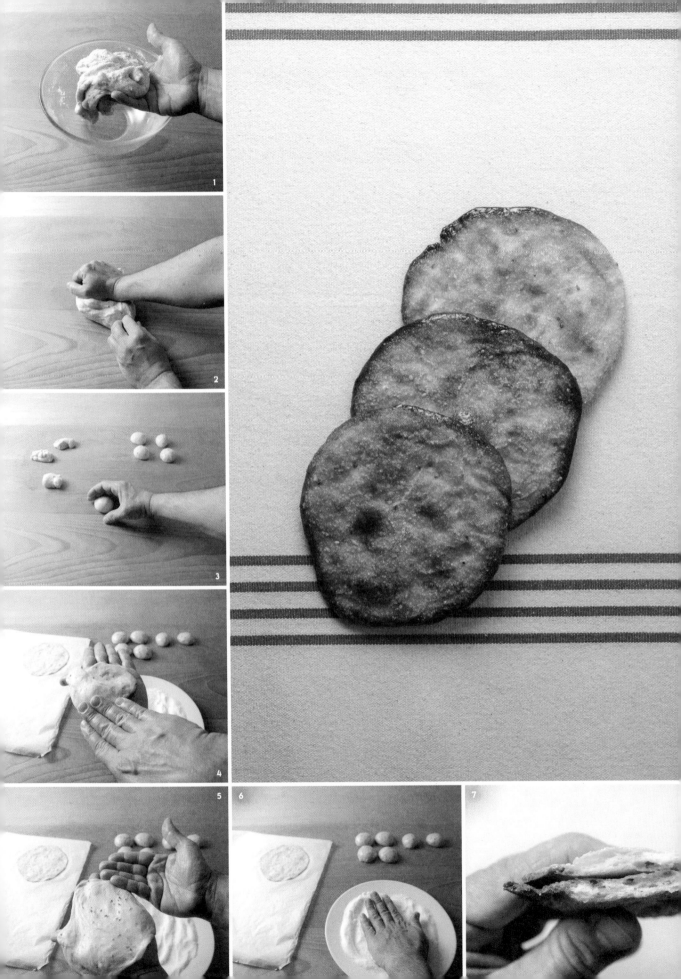

Ingredientes

300 g de harina panificable suave (W130)

125 g de aceite de oliva virgen extra

100-110 g de agua

15 g de azúcar

10 g de aguardiente dulce de anís (1 cucharada sopera)

5 g de anís en grano (1 cucharada sopera)

3 g de de ajonjolí o sésamo (1 cucharada de postre)

3 g de sal

6 g de levadura fresca

Para decorar

Azúcar

---

1 Punto de humedad de la masa tras haber mezclado los ingredientes. | 2 Amasar sobre la mesa hasta que esté fina. | 3 Dividir en piezas de 50 g y bolear. | 4 Con la mano diestra, aplastar la bola contra la palma de la mano contraria y estirarla, haciendo el gesto de «untarla» hacia la muñeca. | 5 Con el dorso de la mano, estirar ahora en el sentido contrario, hasta extender la masa por toda la palma. | 6 Apretar la masa contra un plato lleno de azúcar. | 7 Estructura crujiente y delicada de las tortas de aceite.

Tortas de aceite al estilo de Castilleja de la Cuesta

Andalucía

Las delicadas y crujientes tortas de aceite de Castilleja de la Cuesta cuentan hoy en día con una marca de la Unión Europea que las certifica como especialidad tradicional garantizada (ETG). Desde este pueblo del Aljarafe sevillano han conseguido que las tortas sean apreciadas no solo en Sevilla y Andalucía, sino también en todo el país. El aceite de oliva virgen extra y los aromas de anís y sésamo sirven de base para una de las elaboraciones más irresistibles que se pueden encontrar. El estirado a mano y un horneado justo acaban de darle el toque crujiente, con unas zonas más finas y tostadas y otras más gruesas y hojaldradas: un sencillo tesoro.

Método

Mezclar todos los ingredientes hasta que quede una masa homogénea, que será algo pegajosa y ligera (1). Pasarla a la mesa y amasarla de 7 a 10 minutos, hasta que quede bien fina (2). Se puede amasar a intervalos (o bien con amasadora); consultar el capítulo de técnicas.

Dejar que repose 15 minutos.

Dividir en porciones de unos 50 g y bolearlas someramente (3).

Dejar que reposen de 20 a 30 minutos para que la masa esté muy relajada.

Tras tomar una bola de masa, se coloca en la palma de la mano contraria, apretando para extenderla como si la «untásemos» sobre la palma hacia la parte de la muñeca (4). A continuación, con el dorso de la mano que «unta», estirar la masa en el otro sentido, hacia los dedos (5).

De este modo, la masa ocupará casi toda la palma.

Manteniendo la masa extendida en la palma, presionar sobre un plato lleno de azúcar (6), de modo que la torta quede completamente impregnada por un lado.

Depositarla a continuación sobre una hoja de papel de hornear, de manera que quede la parte con azúcar arriba.

Con la torta sobre la hoja de papel, corregir la forma hasta que quede un disco de unos 13 cm de diámetro.

Calentar el horno a 220 °C, calor arriba y abajo (200 °C con ventilador), sin vapor. Cocer unos 8 o 10 minutos, hasta que las tortas estén doradas y crujientes.

Dejar enfriar en una rejilla.

Ingredientes

---

1 Punto de humedad de la masa tras haber mezclado los ingredientes. | 2 Amasar sobre la mesa hasta que la masa esté fina. | 3 Textura de la masa tras el amasado. | 4 Estirar hasta formar una base de unos 35 x 25 cm. | 5 Colocar el membrillo superponiendo una capa de rodajas finas sobre la anterior. | 6 Espolvorear con azúcar y echar un chorrito de aceite antes del horneado. | 7 Fruta tierna y masa jugosa de la torta de membrillo.

Torta de membrillo

Varias regiones

El membrillo, con su textura áspera y su carne dura, no parece la fruta más apetecible para comer en una torta. Sin embargo, la coca de codony que se puede encontrar en muchas zonas de Castellón demuestra que una sencilla masa de pan y un poco de azúcar son capaces de obrar la magia: el resultado es un sabor con mil matices y una pulpa tierna. Probarla constituye una inesperada revelación. Esta pieza tan sorprendente se puede encontrar en recetarios de otras zonas de la región y en el cercano Aragón. Tradicionalmente se elaboraba con masa de pan de la hornada (como suele suceder con muchas tortas y cocas); después se enriqueció esa masa con algo de aceite y azúcar, y hoy no es raro encontrarla también sobre una masa dulce de bollo de aceite como la del panquemao típico en toda la región.

Método

Preparar la masa madre la noche anterior y dejarla fermentar al menos 12 horas por encima de 20 °C (lo ideal es cerca de 25 °C).

Al día siguiente, mezclar todos los ingredientes. Quedará una masa un poco pegajosa (1). Nada más acabar de mezclarla, dejarla descansar 10 o 15 minutos en el bol tapado; tras el reposo se pegará menos.

Amasar sobre la mesa de 5 a 7 minutos hasta que esté bien cohesionada (2). También se puede amasar a intervalos (consultar el capítulo de técnicas). La masa ha de quedar fina (3).

Dejar fermentar aproximadamente 1 hora y 30 minutos, hasta que fermente y pierda tenacidad y se pueda estirar bien.

Estirar con un rodillo formando un rectángulo de unos 35 x 25 cm (4).

Mientras la masa reposa, pelar el membrillo y cortarlo en láminas finas.

Corregir la forma de la masa, si fuera necesario, y disponer las rodajas en capas solapadas (5).

Espolvorear unos 30 o 40 g de azúcar por encima y echar un chorrito de aceite de oliva (6).

Hornear de 30 a 40 minutos a 180 °C, calor arriba y abajo, sin vapor, hasta que el membrillo esté tierno y la masa, dorada.

Al sacar la torta del horno, volver a espolvorear con unos 20 o 30 g de azúcar.

Dejar enfriar en una rejilla.

Ingredientes

Masa madre
(de la noche anterior)

100 g de harina panificable

50 g de agua

0,2 g de levadura fresca (equivalente a una lenteja)

Masa final

150 g de masa madre

520 g de harina panificable suave (W130)

205-220 g de agua

90 g de aceite de oliva

30 g de azúcar

10 g de sal

3 g de levadura fresca

Para el relleno

2 huevos batidos

200 g de azúcar

2 cucharadas de postre de canela

Para decorar

Huevo batido y azúcar

---

1 Punto de humedad de la masa tras haber mezclado los ingredientes. | 2 Amasar sobre la mesa hasta que esté fina. | 3 Dividir en porciones de 250 g y bolear. | 4 Estirar cada masa hasta que mida unos 40 x 25 cm; pincelar con huevo y espolvorear azúcar y canela por toda la masa. | 5 Plegar los bordes laterales, como si fuera un sobre, y volver a pincelar con huevo y añadir azúcar y canela. | 6 Plegar los bordes superiores hasta tener un tríptico de unos 25 x 10 cm y plegar los bordes laterales sellándolos. | 7 Interior jugoso y aromático del calandrajo.

Calandrajos
Castilla-La Mancha

En muchas regiones de España una cotidiana masa de pan se convierte en un tesoro al plegarla sobre sí misma con sencillos rellenos, ya sea un poco de azúcar y aceite, alguna especia o cosas más sustanciosas, como frutas o confitura, cuando la ocasión lo permite. Así han nacido los borrachos, los dobladillos, los farinosos, los «refollaos» y los deliciosos calandrajos toledanos. Lejos de Toledo, en Castellón, se emplean unos ingredientes y una técnica similares para una elaboración hermana, la coca en fulles. El resultado es inesperado: una jugosidad impropia de los humildes ingredientes. En esta versión, en lugar de masa de pan, empleo una masa ligeramente enriquecida.

Método

Preparar la masa madre la noche anterior y dejarla fermentar al menos 12 horas por encima de 20 °C (lo ideal es cerca de 25 °C).

Al día siguiente, mezclar todos los ingredientes. Quedará una masa un poco pegajosa (1). Nada más acabar de mezclarla, dejarla descansar 10 o 15 minutos en el bol tapado.

Amasar sobre la mesa unos 4 o 5 minutos hasta que esté bien fina (2). También se puede amasar a intervalos (consultar el capítulo de técnicas).

Dejar fermentar aproximadamente 2 horas.

Dividir en cuatro porciones de unos 250 g y bolear muy suavemente (3).

Dejar reposar 5 minutos y estirarlas con el rodillo hasta tener cuatro placas rectangulares de unos 40 x 25 cm.

Mezclar el azúcar y la canela del relleno.

Pincelar con abundante huevo y espolvorear con azúcar y canela por toda la masa (4).

Plegar los bordes laterales hacia el centro, como haciendo un sobre (5).

Volver a pincelar con huevo y espolvorear otra vez con azúcar y canela.

Plegar ahora los bordes superiores e inferiores hacia el centro hasta tener una pieza alargada de unos 25 x 10 cm. Doblar los extremos y sellarlos haciendo un pequeño reborde (6).

Dejar fermentar aproximadamente 1 hora y 30 minutos.

Pincelar con huevo y espolvorear con más azúcar y canela.

Hornear durante 18-22 minutos a 200 °C, calor arriba y abajo, sin vapor, hasta que tengan un dorado intermedio.

Dejar enfriar en una rejilla.

Ingredientes

(de la noche anterior)

50 g de harina panificable

25 g de agua

0,2 g de levadura fresca (equivalente a una lenteja)

Masa final

75 g de masa madre

250 g de harina integral de trigo

100 g de agua

50 g de aceite de oliva

35 g de azúcar

4 g de sal

Para el relleno

100 g de harina floja

100 g de azúcar

Ralladura de un limón

1 cucharada de postre de canela

75 g de aceite

25 g de agua

Para decorar

Agua y azúcar

---

1 Punto de humedad de la masa tras haber mezclado los ingredientes. | 2 Amasar sobre la mesa hasta que esté fina. | 3 Estirar la masa hasta que mida unos 45 x 25 cm. | 4 Disponer la mezcla de harina del relleno en un montón alargado; hacer un surco y echar, en este orden: ralladura de limón, aceite y agua. | 5 Espolvorear un poco de harina por encima. | 6 Cerrar los lados largos uno sobre otro y finalmente plegar los extremos cortos sellando bien. | 7 El relleno de la farinada se asemeja a un insospechado y humilde mazapán.

Farinada de repassos
Comunidad Valenciana

Existen elaboraciones que te infunden un respeto profundo por quien las creó y que te dejan sin palabras. En Vinaròs (Castellón) aún se conserva este dulce venido de otra época: una masa ligeramente dulce elaborada con harina integral (los repassos es lo que queda tras tamizar la harina, la tercerilla). El relleno, en lugar de ser de fruta o crema, es de harina blanca, un tesoro en épocas de escasez que aquí se trata como un auténtico manjar. La maravilla acontece cuando la harina sale del horno convertida en una especie de humilde mazapán (¡en verano, sobre el relleno se suelen poner tiras de pimiento asado!).

Método

Preparar la masa madre la noche anterior y dejarla fermentar al menos 12 horas por encima de 20 °C (lo ideal es cerca de 25 °C).

Al día siguiente, mezclar todos los ingredientes. Quedará una masa un poco pegajosa (1). Nada más acabar de mezclarla, dejarla descansar 10 o 15 minutos en el bol tapado.

Amasar sobre la mesa unos 4 o 5 minutos, hasta que esté fina (2). También se puede amasar a intervalos (consultar el capítulo de técnicas).

Dejar fermentar aproximadamente 3 horas.

Estirar con el rodillo hasta formar una placa rectangular de 45 x 25 cm, de unos 3 o 4 mm de grosor (3).

Mezclar la harina, la canela y el azúcar del relleno, y disponerlos en el centro de la masa formando un montón alargado de unos 4 cm de ancho y otro tanto de alto.

Hacer un surco a lo largo del montón de harina para que pueda contener los líquidos sin que se derramen.

Echar la ralladura de limón por todo el surco y, con mucha delicadeza, añadir el aceite y después el agua (4).

Tapar el líquido con un poco más de harina (5) y cerrar con delicadeza la masa desde los lados largos, plegando un lado sobre el otro y finalmente sellando las esquinas de los lados cortos (6).

Dejar fermentar de 1 hora y 30 minutos a 2 horas.

Pincelar o vaporizar la pieza con agua y espolvorear con azúcar.

Hornear durante 30 minutos a 200 °C, calor arriba y abajo, sin vapor, hasta que tenga un dorado intermedio.

Dejar enfriar en una rejilla.

Ingredientes

500 g de harina panificable suave (W130)

115-130 g de agua

100 g de aceite de oliva

70 g de azúcar

50 g de huevo (1 unidad mediana)

5 g de sal

5 g de levadura fresca

Para el relleno

100 g de azúcar

1 cucharada de postre de canela molida

Aceite de oliva, para pincelar

---

1 Escaldar la harina echándole el agua y el aceite recién hervidos. | 2 Punto de humedad de la masa tras haber mezclado los ingredientes. | 3 Amasar sobre la mesa unos 4 o 5 minutos. | 4 Estirar hasta formar un cuadrado de 30 x 30 cm, pincelar con aceite y espolvorear con azúcar con canela. | 5 Plegar un tercio, como para hacer un tríptico, y volver a aplicar aceite y azúcar con canela. | 6 Pinchar, pincelar con aceite y espolvorear con azúcar los dulces ya plegados. | 7 Interior del dobladillo: deliciosa sencillez.

Dobladillo de canela

Aragón

El dobladillo es un dulce oscense encantador en su simplicidad: un sobre de masa escaldada con rellenos que van desde la mínima expresión de lo dulce, que es el aceite con azúcar, hasta frutos secos o cabello de ángel. En otras partes de Aragón y de las regiones vecinas se encuentran parientes como los farinosos, farinosas y harinosas. Se trata de un formato tan simple y elegante como inolvidable para quienes lo prueban. En todo caso, la austera forma rectangular, el grosor fino y el relleno justo son características inolvidables de estos sobres de dulzor.

Método

Poner en un cazo el agua y el aceite, y disolver allí la sal y el azúcar. Calentar hasta que hierva y verter sobre la harina para escaldarla, removiendo con una cuchara grande hasta que se absorba el líquido; la masa que se obtendrá estará muy seca (1).

Dejar que se enfríe hasta que no queme (se puede poner sobre una superficie fría, como una encimera de mármol o de acero) y añadir el huevo mezclándolo hasta que la masa adquiera una textura más blanda. Al principio será pegajosa, pero tras 5 o 10 minutos de reposo, ya no se pegará (2).

Amasar sobre la mesa unos 4 o 5 minutos, hasta que esté bien fina (3).

Dejar reposar la masa durante 30 minutos; dividirla en porciones de 150 g y bolearlas con suavidad, sin dar tensión.

Dejar reposar durante 10 minutos y estirar formando cuadrados de unos 30 x 30 cm.

Mezclar el azúcar y la canela del relleno.

Pincelar de forma generosa con aceite y espolvorear con el azúcar mezclado con la canela (4).

Plegar un tercio de la masa (como para hacer un tríptico), volver a pincelar con el aceite y espolvorear con azúcar con canela (5). Plegar el otro tercio de masa para cerrar el dobladillo.

Pincelar los dobladillos con aceite, pincharlos con un tenedor para que no creen grandes burbujas de aire y espolvorear de nuevo con un poco de azúcar (6).

Hornear de 12 a 14 minutos a 200 °C, calor arriba y abajo, sin vapor, hasta que tengan un dorado suave.

Dejar enfriar en una rejilla.

(Con la misma masa se puede hacer el empanadico del siguiente capítulo.)

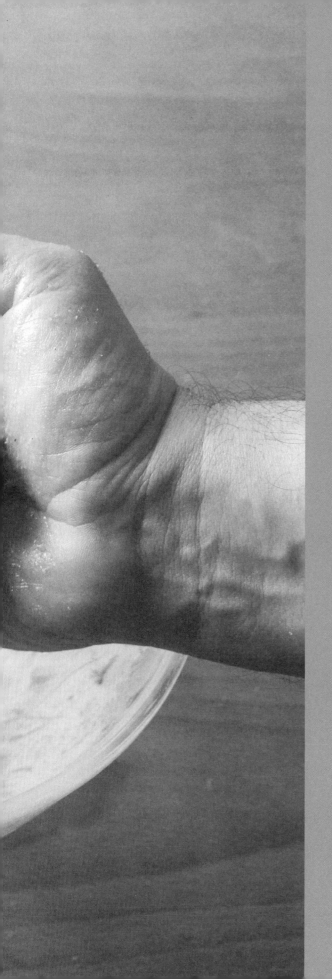

Reelaboraciones

Desde que hay pan, existen restos de masa sobrante a los que se da nueva vida volviéndolos a elaborar con ingredientes tanto dulces como salados. El resultado es muestra de la mayor audacia y da lugar a piezas sublimes de las que a menudo no se sospecha que procedan de una humilde masa de pan. Desde bizcochos como el sobao o la bica hasta tortas de toda forma y textura, mantecados y dulces varios. La magia de estas masas reelaboradas es su metamorfosis; cómo su alma de pan infunde nueva vida a productos inimaginables que suelen tener un sabor especial y carácter local.

Ingredientes

Masa de pan

185 g de harina panificable (W180)

112 g de agua

1 g de levadura fresca (equivalente a un garbanzo)

3 g de sal

Masa final

300 g de masa de pan

300 g de harina floja

300 g de manteca cocida de vaca (o mantequilla) a temperatura ambiente

450 g de azúcar

350 g de huevo

Para decorar

50 g de azúcar

1 cucharada de postre de canela molida

---

1 La manteca cocida desprende un aroma intenso y da a la bica su magia. | 2 Mezclar la manteca cocida con el azúcar y batir hasta que quede una crema fina. | 3 Tras incorporar los huevos y batir, dividir la masa en porciones y mezclar hasta que quede fina. | 4 Por último, añadir la harina y volver a mezclar hasta obtener una crema fina. | 5 Llenar con esta masa hasta la mitad un molde de 25 x 30 cm forrado de papel de hornear. | 6 Espolvorear azúcar y canela. | 7 Miga cremosa y fundente de la bica.

Bica mantecada al estilo de Trives

Galicia

Muchas de las elaboraciones que actualmente consideramos bizcochos (una masa de repostería levada con impulsor químico) fueron en su día elaboradas con masa de pan: es el amplio mundo de los bizcochos panaderos. En obradores y libros de recetas de todo el país aún sobreviven muchos de estos fósiles de masa, y la bica mantecada es uno de los más excelsos ejemplos, con su aroma profundo y su textura cremosa. Su alma es de pan y su corazón lo constituye una de las mayores exquisiteces lácteas: manteca cocida, que es el resultado de concentrar la mantequilla hasta que solo queda la grasa, lo que le da una gran conservación y un aroma y sabor extraordinario (por suerte, cada vez es más fácil de encontrar fuera de Galicia). La bica mantecada tiene una textura jugosa que dura varios días, y su aroma es sencillamente inolvidable.

Método

Si no se dispone de masa de pan fermentada, prepararla amasando todos los ingredientes y dejándola fermentar al menos 5 horas (se puede dejar fermentar 2 horas y guardarla en la nevera hasta el día siguiente).

La bica se puede hacer a mano o bien con una batidora de varillas, lo que ahorra bastante trabajo.

Batir la manteca cocida hasta que sea una pomada (1). Añadir el azúcar y batir durante varios minutos hasta obtener una crema fina (2).

Dividir la masa de pan en trozos pequeños y mezclar con la crema anterior hasta que la masa esté totalmente deshecha (3).

Continuar batiendo mientras se incorporan los huevos; debe quedar una crema espesa y fina.

Finalmente, añadir la harina y mezclar hasta que quede una masa perfectamente homogénea (4).

Forrar un molde metálico de unos 25 x 30 cm con papel de hornear y llenar hasta la mitad el molde con la masa (5).

Espolvorear con azúcar y canela (6).

Cocer 50 minutos con el horno a 180 °C, calor arriba y abajo, sin vapor, hasta que, al introducir una aguja, esta salga limpia y se haya creado una preciosa costra dorada.

Dejar enfriar antes de cortar.

Masa de pan

310 g de harina panificable (W180)

183 g de agua

1 g de levadura fresca (equivalente a un garbanzo)

6 g de sal

Masa final

500 g de masa de pan

350 g de mantequilla fundida

400 g de azúcar

150 g de huevo

Ralladura de un limón

1 cucharada sopera de aguardiente de anís

1 Mezclar la masa con el azúcar hasta se licue. | 2 Añadir la mantequilla fundida y batir hasta que desaparezca el azúcar. | 3 Llenar los gorros hasta la mitad de su altura. | 4 Para hacer un gorro, se ha de partir de un papel de 17 x 14 cm. | 5a Doblarlo por la mitad por el lado largo y volver a doblar cada parte por la mitad. | 5b Girar 90° y plegar un borde de unos 2,5 cm. | 6a Plegar por las esquinas. | 6b Forma final de un gorro de sobao. | 7 Miga del sobao, jugosa y aromática, con la deliciosa parte pegada al papel.

Sobao a la antigua

Cantabria

El sobao pasiego es uno de los desayunos preferidos no solo de Cantabria, sino también de medio país. No obstante, no es muy conocido el hecho de que originalmente se hacía con masa de pan (era «pan sobao», de ahí el nombre) enriquecida con azúcar y mantequilla. Después, al sobao arcaico se le añadió huevo, limón y algún licor, y, finalmente, el moderno es un bizcocho elaborado con impulsor químico. Las palabras «sobado», «sobada» o «sobadilla» aparecen en otras partes del país en reelaboraciones de masa de pan con alguna grasa. El resultado del sobao a la antigua es sorprendente, de sabor delicado proporcionado por el pan. Parece mentira que la masa pueda crecer en el horno sin impulsor ni fermentación.

Método

Si no se dispone de masa de pan fermentada, prepararla amasando todos los ingredientes y dejándola fermentar al menos 5 horas (se puede dejar fermentar 2 horas y guardarla en la nevera hasta el día siguiente).

La elaboración del sobao se puede hacer a mano o bien con una batidora de varillas, lo que ahorra bastante trabajo.

Añadir el azúcar a la masa y mezclarlo. Al principio cuesta un poco, pero finalmente el azúcar acaba por licuar la masa (1). Seguir trabajando hasta que quede bien fino.

Incorporar la mantequilla fundida y trabajar hasta que no se perciban los granos de azúcar (2).

Incorporar el anís y el limón, mezclar otra vez y finalmente añadir el huevo mientras se bate de nuevo varios minutos hasta obtener una crema fina.

Llenar los gorros de papel hasta un poco más de la mitad (3).

Cocer 20-23 minutos con el horno a 170 °C, calor arriba y abajo, con ventilador (190 °C sin ventilador), hasta que estén dorados.

Para hacer los «gorros» de papel se usa un papel fuerte, de gramaje alto (120 g).

Empezar con un rectángulo de papel de 17 x 14 cm (4).

Plegar la parte más larga por la mitad y volver a plegar cada mitad (como un libro) (5a).

Girar 90° y plegar un trozo de aproximadamente 2,5 cm (5b). Ya está definida la estructura (6a); ahora hay que doblar las esquinas para montar definitivamente el gorro (6b).

310 g de harina panificable (W180)

183 g de agua

1 g de levadura fresca (equivalente a un garbanzo)

6 g de sal

Masa final

500 g de masa de pan

150 g de chicharrones

150 g de azúcar

50 g de manteca de cerdo (si los chicharrones tienen mucha, echar menos)

2 cucharadas de postre de canela molida

1 cucharada de postre de anís en grano (matalahúva)

Para decorar

Azúcar

Torta de chicharrones

Varias regiones

Junto con la torta de manteca, de la que es hermana, la torta de chicharrones es una de las elaboraciones secundarias de masa más extendidas del país. Mil son sus versiones y mil son sus nombres: chicharrones, chicharra, chicharro, chinchorras, chichorras, txantxigorri, txintxorta, llardons, torreznos, jerejitos, maríos, cúscaros, roxons, etc. La canela y el anís en grano (matalahúva) parecen ser un hilo conductor en el gusto general, pero los formatos y las características varían de pueblo en pueblo. Lo que no cambia es el apego que desde hace generaciones se tiene a una sencilla masa de pan animada con el humilde resto que queda tras fundir las mantecas del cerdo.

Método

Si no se dispone de masa de pan fermentada, prepararla amasando todos los ingredientes y dejarla fermentar al menos 5 horas (se puede dejar fermentar 2 horas y guardarla en la nevera hasta el día siguiente).

Mezclar los chicharrones con el azúcar y las especias, removiendo para que el azúcar se impregne de todos los aromas (1).

Dividir la masa de pan en trozos pequeños y mezclarla con la manteca hasta que quede homogénea (2).

Mezclar ahora delicadamente la masa con los chicharrones y el azúcar, intentando no deshacer los chicharrones (si se amasa con amasadora, es importante hacerlo a la mínima velocidad).

La masa tendrá una textura bastante pegajosa (3). Dejarla reposar 30 minutos.

Untar la mesa y las manos con un poco de aceite para manipular la masa.

Dividirla en porciones de 100 g y darles forma de bola con las manos (4).

Depositarlas en una hoja de papel de hornear aplastándolas (con las manos untadas con aceite) hasta formar tortas de 1 cm de grosor (5). Hay que dejar espacio entre ellas, ya que se ensancharán en el horno.

Dejarlas reposar 30 minutos, espolvorear con azúcar y hornearlas (6).

Cocer 30 minutos con el horno a 200 °C, calor arriba y abajo, sin vapor, hasta que tengan un dorado intenso, con trozos de chicharrones ligeramente tostados en la superficie.

Dejar enfriar sobre una rejilla.

1 Mezclar los chicharrones con el azúcar y las especias. | 2 Dividir la masa de pan en trozos pequeños para facilitar la mezcla. | 3 Textura pegajosa de la masa. | 4 Con las manos mojadas en aceite, formar bolas de masa. | 5 Extender cada bola de masa hasta que mida 1 cm de grosor. | 6 Espolvorear con azúcar. | 7 Miga cremosa y aromática de la torta de chicharrones.

Ingredientes

Masa de pan

247 g de harina panificable (W180)

147 g de agua

1 g de levadura fresca (equivalente a un garbanzo)

5 g de sal

Masa final

400 g de masa de pan

100 g de harina floja

50 g de aceite de oliva

30 g de azúcar

Para el relleno

350 g de calabaza pelada, cortada en láminas

50 g de azúcar

½ cucharada de postre de canela molida

20 g de pasas

10 g de piñones

Para decorar

Azúcar y aceite

---

1 Mezclar la masa con el aceite. | **2** Amasar un par de minutos, hasta que quede fina. | **3** Tras el reposo, estirarla hasta formar un rectángulo de unos 50 x 30 cm. | **4** Colocar la calabaza en láminas formando dos capas y espolvorear con azúcar y canela. | **5** Cerrar el empanadico haciendo un repulgo en todo el borde. | **6** Antes de hornearlo, pincelar con aceite, espolvorear con azúcar y hacer varios agujeros a la tapa. | **7** Relleno jugoso y suculento del empanadico de calabaza.

Empanadico de calabaza

Aragón

Una empanada de calabaza puede llegar a ser el dulce más exquisito, como demuestra el empanadico oscense, también llamado «empanadón» o «pastillo». En temporada se hace con calabaza y, si no hay, con manzana (aunque también es muy habitual elaborarlo con espinacas, «espináis», pasas y piñones). Esta es la versión panadera, que emplea un resto de masa de pan enriquecido con aceite y azúcar, pero además es muy habitual elaborarlo con una masa escaldada como la del dobladillo de canela incluido en el capítulo anterior. Es importante estirarlo bien fino y no escatimar aceite en el relleno y encima de la tapa antes de meterlo en el horno... y también al salir de él.

Método

Si no se dispone de masa de pan fermentada, prepararla amasando todos los ingredientes y dejarla fermentar al menos 5 horas (se puede dejar que fermente 2 horas y guardarla en la nevera hasta el día siguiente).

Mezclar el aceite con la masa de pan hasta que se absorba por completo (1). Añadir el azúcar y la harina; trabajarla en el bol hasta que estén incorporados y finalmente amasar sobre la mesa un par de minutos, hasta que quede fina (2).

Dejarla reposar media hora antes de estirarla.

Con un rodillo, estirarla hasta formar un rectángulo de unos 50 x 30 cm y disponerla sobre una hoja de papel de hornear (como no cabrá, habrá que plegarla después) (3).

Colocar la calabaza en láminas formando un par de capas. Espolvorear con azúcar y canela y echar un chorrito de aceite (4).

Plegar la masa como un libro hasta formar una empanada y hacer un repulgo en todo el borde (5).

Antes de hornear, pincelar con aceite, espolvorear con azúcar y hacer cuatro o cinco agujeros para que se escape el vapor y no se hinche (6).

Cocer unos 45-50 minutos con el horno a 180 °C, calor arriba y abajo, sin vapor, hasta que tenga un bonito tono dorado y se vea caramelo rezumar por los agujeros y pliegues.

Al sacarlo del horno, se puede volver a pincelar con aceite.

Ingredientes

Masa de pan

155 g de harina panificable
(W180)

92 g de agua

0,5 g de levadura fresca (equivalente a medio garbanzo)

3 g de sal

Masa final

250 g de masa de pan

150-170 g de harina floja

30 g de aceite de oliva

30 g de manteca de cerdo

50 g de huevo

1 cucharada sopera de aguardiente de anís

1 cucharada de postre de anís en grano (matalahúva)

Para el relleno

250 g de uva tinta bien madura

Harina para espolvorear

Para decorar

Azúcar y huevo

---

1 Punto de humedad de la masa tras el mezclado. | **2** Amasar durante unos 3 o 4 minutos, hasta que la masa quede fina. | **3** Dividir en piezas de 100 g y bolearlas delicadamente. | **4** Estirar cada masa hasta que mida unos 15 cm de diámetro. | **5** Rellenar la masa con un puñado de uvas y sellar el borde haciendo un repulgo. | **6** Pincelar con huevo rebajado con agua y espolvorear con azúcar. | **7** Relleno jugoso y de precioso color vino de la harinosa de uva.

Harinosas de uva

Castilla-La Mancha

El término «harinosa» (y variantes locales como «harinado», «farinosa» o «farinada») suele hacer referencia a empanadas cuyo relleno más básico consiste en un puñado de harina con un poco de aceite y azúcar. En muchas zonas vinícolas, en época de vendimia se aprovecha la uva para crear una empanadilla dulce que es la máxima expresión de la estacionalidad y del paisaje. Como suele suceder, para esta elaboración se partía tradicionalmente de masa de pan que se enriquecía con grasa y azúcar. Para el relleno no hace falta más que el dulzor de las uvas (sin añadido de más azúcar) y un poco de harina espolvoreada por encima para evitar que chorree el delicioso almíbar que se crea durante la cocción.

Método

Si no se dispone de masa de pan fermentada, prepararla amasando todos los ingredientes y dejándola fermentar al menos 5 horas (se puede dejar fermentar 2 horas y guardarla en la nevera hasta el día siguiente).

Mezclar todos los ingredientes con la masa de pan previa y trabajar en el bol; será una masa un poco pegajosa al principio (1). Amasarla sobre la mesa unos 3 o 4 minutos, hasta que quede fina (2).

Dejar reposar la masa 1 hora para que se relaje.

Dividir en porciones de unos 100 g y bolearlas (3).

Dejarlas reposar 15 minutos y estirar con el rodillo, formando con cada bola un disco de unos 15 cm de diámetro (4).

Colocar un puñado de uvas en cada disco de masa (la cantidad exacta dependerá del tamaño de la uva); hay que dejar un borde de unos 2 o 3 cm para poder cerrar la empanada (5). Espolvorear un poco de harina sobre las uvas.

Cerrar las empanadillas y hacer un repulgo en todo el borde, sellando bien la masa para evitar que se escape el líquido en la cocción (5).

Pincelar con huevo batido un poco rebajado con agua (para evitar que cojan mucho color) y espolvorear con azúcar (6).

Cocer unos 15 minutos con el horno a 210 °C, calor arriba y abajo, sin vapor. Apagar el horno y dejar las harinosas dentro otros 5 minutos más.

Dejar enfriar antes de comerlas.

Masa de pan

124 g de harina panificable (W180)

74 g de agua

0,5 g de levadura fresca (equivalente a medio garbanzo)

2 g de sal

Masa final

200 g de masa de pan

70-90 g de harina floja

100 g de aceite de oliva virgen

2 cucharadas de postre de ajonjolí (sésamo)

Para el relleno

120 g de azúcar

50 g de almendras molidas

1 cucharada de postre de canela molida

2 huevos medianos

Ralladura de un limón

Piel de media naranja

---

1 Punto de humedad de la masa tras el mezclado. | 2 Estirar la masa hasta que mida 35 x 25 cm y hacer un borde un poco más alto dando pellizcos a la parte exterior. | 3 Espolvorear azúcar con canela y, por encima, la ralladura de limón. | 4 Distribuir la mezcla de almendras molidas, azúcar y canela. | 5 Remojar un poco la superficie con yemas blanqueadas. | 6 Finalmente, esparcir la mezcla de las claras a medio batir con el resto de las yemas blanqueadas. | 7 Interior a capas del hornazo al estilo de Huelva, delicado y aromático.

Hornazo al estilo de Huelva

Andalucía

En Salamanca y partes de Castilla y León el hornazo es una institución cárnica; en muchas otras zonas del país es una rosca con huevos, y en algunas partes de Huelva es una delicadísima torta fina rellena de almendras (a veces cabello de ángel) y coronada por una capa de merengue a medio batir. La base del hornazo se hace con masa de pan enriquecida con ajonjolí y aceite. Incluso hoy en día es común que, por Semana Santa, se vaya a la panadería a por masa de pan para elaborarlo por docenas en las casas.

Método

Si no se dispone de masa de pan fermentada, prepararla amasando todos los ingredientes y dejándola fermentar al menos 5 horas (se puede dejar fermentar 2 horas y guardarla en la nevera hasta el día siguiente).

Calentar el aceite de oliva con la piel de naranja y el sésamo hasta que esté un poco tostado y dejar enfriar.

Trabajar la masa de pan con el aceite hasta que se haya incorporado por completo y añadir harina hasta formar una masa que no se pegue, ajustando la cantidad de harina final (1).

Pincelar con aceite una hoja de papel de hornear y extender la masa con las manos hasta formar una placa de unos 35 x 25 cm.

Hacerle un borde un poco más elevado dando pellizcos al borde exterior (2).

Mezclar 40 g de azúcar con media cucharada de postre de canela molida y esparcirlo sobre la masa. Esparcir por encima la ralladura de un limón (3).

Mezclar 50 g de almendras molidas con 50 g de azúcar y media cucharada de postre de canela molida y esparcirlo sobre la masa (4).

Separar las claras de las yemas, blanquear las yemas y echar un par de cucharadas sobre la masa para darle humedad, reservando parte para el final (5).

Batir las claras con 30 g de azúcar hasta obtener un merengue a medio montar, añadirle el resto de las yemas blanqueadas y esparcir la mezcla en una capa uniforme (6).

Cocer unos 25 minutos con el horno a 190 °C, calor arriba y abajo, sin vapor. Se puede acabar los últimos 5-10 minutos con calor solo abajo para conseguir que la base se dore.

Dejar enfriar antes de comer.

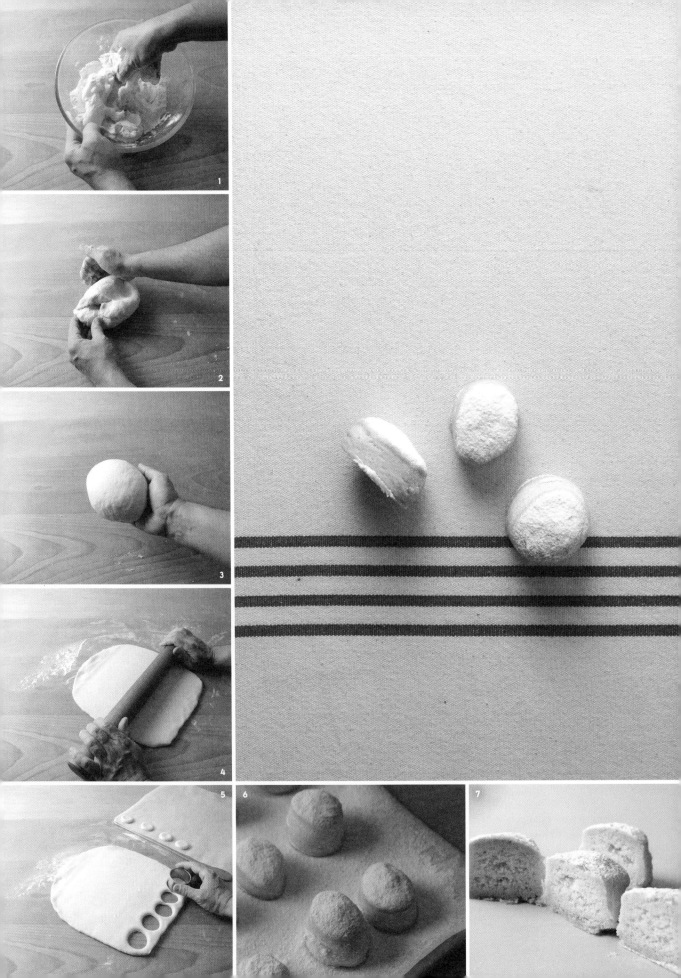

Ingredientes

Masa de pan

152 g de harina panificable (W180)

75 g de agua

0,5 g de levadura fresca (equivalente a medio garbanzo)

3 g de sal

Masa final

230 g de masa de pan

230 g de manteca de cerdo

140-150 g de harina floja

Para decorar

Azúcar glas

---

1 Mezclar la masa, la manteca y la harina rápidamente sin calentar mucho la masa. | 2 Amasar un minuto sobre la mesa para acabar de mezclar los ingredientes. | 3 Textura de la masa final, densa pero dúctil. | 4 Estirar la masa hasta que mida 1 cm de grosor. | 5 Cortar usando un cortapastas redondo de 5 cm de diámetro (o bien en cuadrado para ahorrar recortes). | 6 Nada más sacarlos del horno, espolvorear con azúcar glas. | 7 El interior ligero de los mantecados panaderos se deshace en la boca.

Mantecados

Varias regiones

Aunque existen los mantecados reposteros, con su interior jugoso que se deshace como una delicada arena, también existen los mantecados panaderos, un poco más ligeros y con una sensación hojaldrada inolvidable, nevados con una fina capa de azúcar glas. Es una vieja costumbre en muchos obradores aprovechar los recortes de masa de la hornada y acabar el día elaborando estos mantecados. La clave para obtener una textura ligera es que todos los ingredientes estén muy fríos y que el horneado sea largo y a fuego suave. El resultado es sorprendente: uno nunca imaginó que con el pan se pudiera hacer esto.

Método

Si no se dispone de masa de pan fermentada, prepararla amasando todos los ingredientes y dejándola fermentar al menos 5 horas (se puede dejar fermentar 2 horas y guardarla en la nevera hasta el día siguiente).

Es muy importante que la masa esté muy fría; para ello hay que trabajar con rapidez en el lugar más fresco posible.

Refrigerar previamente la harina y la manteca. Para esta receta es interesante que incluso la masa de pan salga de la nevera.

Mezclar la masa con la manteca e incorporar harina hasta obtener una masa seca y dúctil (1). Atención a la temperatura: si la masa está caliente, la manteca se ablandará y dará una sensación equivocada, ya que absorberá más harina y el resultado no será tan hojaldrado.

Trabajar en la mesa 1 minuto para acabar de repartir bien los ingredientes (2 y 3).

Refrigerar la masa al menos 1 hora (o incluso hasta el día siguiente).

Estirar la masa con el rodillo hasta obtener un grosor de 1 cm (4); téngase en cuenta que crecerá mucho en el horno.

Cortar los mantecados con un cortapastas circular de unos 5 cm de diámetro (5). Se puede usar también un cortapastas cuadrado, así habrá menos recortes (al unir los recortes se pierde calidad en el producto final).

Colocar los mantecados en una hoja de papel de hornear y cocer unos 45 o 50 minutos a 160 °C, calor arriba y abajo, sin vapor.

Nada más sacarlos del horno, espolvorearlos con azúcar glas (6).

Dejar enfriar antes de comer.

Ingredientes

Masa de pan

310 g de harina panificable (W180)

183 g de agua

1 g de levadura fresca (equivalente a un garbanzo)

6 g de sal

Masa final

500 g de masa de pan

50 g de aceite de oliva virgen

2 cucharadas de postre de anís en grano (matalahúva)

Para decorar

30 g de aceite de oliva virgen

2 cucharadas de postre de pimentón

Sal gruesa

---

1 Mezclar la masa, el aceite y el anís en grano trabajando la masa en un bol. | 2 Dar un par de pliegues a la masa para que coja tensión. | 3 Tras el reposo, amasar 3 o 4 minutos para que la masa quede fina. | 4 Bolear con las manos enaceitadas dando mucha tensión. | 5 Mezclar el aceite y el pimentón y pincelar los bollos. | 6 Espolvorear con sal gruesa. | 7 La miga del ochío de La Loma es delicada y aromática.

Ochíos al estilo de La Loma

Andalucía

En Jaén capital, el ochío es una masa dulce, habitualmente cubierta con azúcar. Sin embargo, en la comarca de La Loma, el ochío es un panecillo salado cubierto con pimentón, aceite y sal gruesa, y que esconde un interior jugoso con el aroma del anís en grano. Es tradicional la forma con un borde a modo de ribete, aunque hoy en día es común encontrarlo tanto como un bollo redondo liso como en distintos formatos más pequeños adaptados al tapeo. Ambas masas, tanto la dulce como la salada, fueron en su origen pan reelaborado con el excelso aceite local. De hecho, una de las teorías acerca del origen de su nombre es que salían precisamente ocho tortas de la masa de un pan de kilo.

Método

Si no se dispone de masa de pan fermentada, prepararla amasando todos los ingredientes y dejándola fermentar al menos 5 horas (se puede dejar fermentar 2 horas y guardarla en la nevera hasta el día siguiente).

Trabajar la masa con el aceite y el anís en grano hasta que se incorporen por completo (1). El aceite hará que la masa quede bastante blanda. Darle un par de pliegues para que coja tensión (2) y dejarla descansar 10 minutos en el bol tapado para que se absorba bien todo el aceite. Tras ese tiempo, la masa estará más cohesionada y no se pegará tanto. Amasar 3 o 4 minutos, hasta que esté bien fina (3).

Dividir en bolas de unos 90 g (originalmente, si se hacían ocho por 1 kg, las porciones eran de 125 g) y bolear con las manos untadas de aceite para que queden bien firmes (4).

Dejar fermentar aproximadamente 1 hora y 30 minutos, hasta que la masa esté muy esponjosa y blandita.

Diluir el pimentón en el aceite y pincelar abundantemente los bollos con él (5).

Espolvorear con sal gruesa (6).

Calentar el horno a 180 °C, calor arriba y abajo, sin vapor. Cocer durante 12 o 14 minutos, prestando mucha atención al final para evitar que el pimentón se queme. Si hace falta prolongar un poco la cocción, se puede apagar el horno y seguir un par de minutos.

Dejar enfriar en una rejilla.

Ingredientes

Masa de pan

300 g de harina panificable (W180)

140 g de harina del país molida a la piedra (harina clara)

235 g de agua

70 g de masa madre sólida

7 g de sal

2 g de levadura fresca

Para el relleno final

200 g de nata con el mayor contenido graso posible (38 % o más)

90 g de azúcar

Un chorrito de licor de anís

---

1 Masa de pan ya fermentada, lista para hacer la bolla de nata. | 2 Bolear con delicadeza, sin dar mucha tensión. | 3 Estirar la masa hasta formar un disco de unos 30 cm de diámetro y 1 cm escaso de grosor. | 4 Hacer un repulgo en todo el borde para evitar que el líquido se derrame. | 5 Espolvorear el azúcar en la base de la bolla y, como opción, echar un chorrito de anís. | 6 Verter la nata con cuidado para que se reparta uniformemente. | 7 Masa de pan de corteza crujiente con el relleno cremoso de la bolla de nata.

Bolla de nata
Galicia

La bolla de nata no podría ser más elemental: masa de pan y nata. Se trata de una pieza rústica, de casa, con los elementos tradicionales que no faltaban en una aldea del norte de Galicia: masa del pan de la hornada y nata de la leche de casa. Pero entonces es cuando entran en juego los sutiles detalles que hacen de la panadería un arte mágico e infinito. La sabia manipulación de los mínimos ingredientes para obtener un producto sublime. La nata se condensa y se tuesta en el horno y la masa se tuesta, fundiéndose sus sabores con la ayuda del azúcar y del buen chorro de anís. Se queda uno sin palabras ante tanta sabiduría.

Método

Si no se dispone de masa de pan fermentada, prepararla amasando todos los ingredientes y dejándola fermentar al menos 5 horas (se puede dejar fermentar 2 horas y guardarla en la nevera hasta el día siguiente) (1).

Volcar la masa de pan sobre la mesa y bolearla sin dar mucha tensión (2).

Dejar reposar al menos 1 hora para que la masa se relaje.

Aplanar la bolla con las manos hasta que forme un disco de unos 30 cm de diámetro y 1 cm escaso de grosor (3).

Colocar la masa sobre una hoja de papel de hornear y esta sobre una bandeja metálica. Es muy importante que la bandeja no sea fina, ya que podría combarse con el calor del horneado, haciendo que, al no quedar la masa horizontal, se derramara el líquido en el horno.

Hacer un repulgo bastante grueso y alto a lo largo del borde para evitar que el líquido del relleno se salga durante el horneado (4).

Espolvorear el azúcar por toda la base de la bolla.

Como opción, se puede echar un chorrito de anís sobre el azúcar (5).

Verter la nata sobre el azúcar con cuidado (6).

Calentar el horno a 250 °C, calor arriba y abajo, sin vapor. Cocer durante 25 o 30 minutos, hasta que la masa esté dorada y el relleno se haya reducido y muestre también partes tostadas

Tras sacarla del horno, dejar que se asiente y que la nata se afirme.

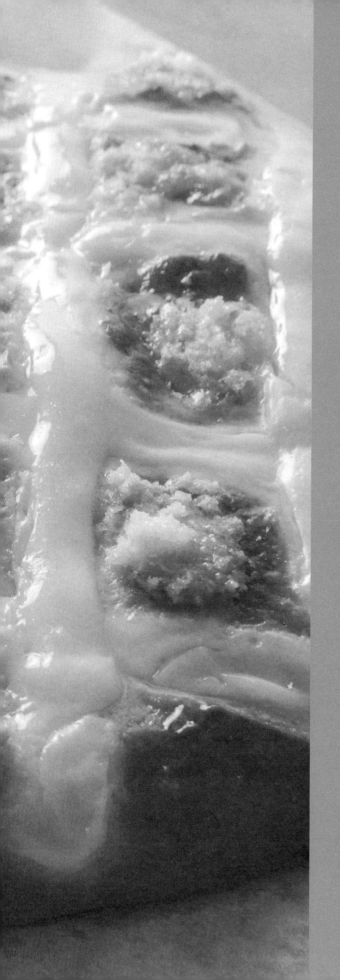

Bollería

La bollería combina en una sola disciplina la precisión y la sensibilidad del pastelero con el dominio de la fermentación del panadero, con su habilidad para captar los sutiles cambios en la masa y en las condiciones ambientales. Desde las jugosísimas masas de mantequilla y manteca cocidas del Atlántico hasta las delicadas masas de aceite del Mediterráneo, la dulce bollería encuentra las maneras más insospechadas de seducir al paladar creando panes de una belleza sin igual.

Ingredientes

---

1 Punto de humedad de la masa tras haber mezclado los ingredientes. | 2 Amasar sobre la mesa hasta que esté fina. | 3 Golpear la mantequilla fría con un rodillo para ablandarla; cortarla en pedacitos y añadirla a la masa. | 4 Bolear desgasificando y dando buena tensión. | 5 Atravesar el centro de la masa con dos dedos (o con el codo) y estirar poco a poco haciendo que la masa ceda hasta formar una rosca de 30 cm de diámetro (dejar reposar 5 minutos si la masa se resiste). | 6 Pincelar con huevo y decorar con fruta confitada, almendra laminada y azúcar remojado con unas gotas de agua de azahar. | 7 Miga esponjosa, muy aromática y fundente del roscón de Reyes.

Roscón de Reyes

Varias regiones

Entre la gran variedad de roscas festivas que se preparan durante el año en muchas zonas de España, el roscón de Reyes es tal vez la más extendida y comparte una liturgia común. La corona de masa aromatizada con agua de azahar y decorada con piedras preciosas, rubíes y esmeraldas (en forma de fruta confitada) constituye uno de los bollos favoritos del país. Aunque la receta es más o menos común (un ligero brioche de mantequilla), hay tantas variaciones como panaderías. En esta versión, la infusión aromática da un fondo de lujo para una miga fundente y delicada que se consigue retrasando el añadido de la mantequilla.

Método

Preparar la masa madre la noche anterior y dejarla fermentar al menos 12 horas por encima de 20 °C (lo ideal es cerca de 25 °C).

Para la infusión aromática, calentar en un cazo el doble de leche de la necesaria (una parte se evaporará) con la canela y el limón. Hacer que hierva, apagar el fuego y dejarla en infusión toda la noche.

Al día siguiente, mezclar todos los ingredientes de la masa salvo la mantequilla. Quedará una masa algo pegajosa y no muy blanda (1). Amasar 5 minutos, hasta que esté fina (2).

Incorporar la mantequilla fría, pero golpeada con un rodillo para ablandarla (3). Amasar otros 10 minutos; al principio la masa estará pegajosa, pero trabajándola quedará fina.

Dejar fermentar 2 horas.

Bolear la masa desgasificándola (4); dejar reposar una hora y comenzar a formar la rosca: atravesar el centro con un par de dedos (o bien con el codo) y tirar suavemente hasta hacer una rosca de unos 30 cm de diámetro (5); colocarla sobre una hoja de papel de hornear y pincelarla con huevo batido (si la masa está tensa, dejarla reposar 5 minutos y volver a estirar).

Dejar fermentar unas 4 horas.

Pincelar de nuevo con huevo batido y decorar con fruta confitada, almendras laminadas y pequeños montoncitos de azúcar remojado con agua de azahar (6).

Cocer con el horno a 160 °C, calor arriba y abajo, con un pequeño cuenco de agua durante toda la cocción. Al cabo de 5 minutos, subir la temperatura a 180 °C y continuar hasta completar 18-20 minutos de horneado en total.

1 Punto de humedad de la masa tras haber mezclado los ingredientes. | **2** Tras el amasado, se puede estirar la masa hasta ver una fina membrana. | **3** Estirar a rodillo formando una banda de masa de 100 x 30 cm y untar la manteca uniformemente. | **4** Estirar con suavidad, pero sin miedo, hasta que sea como la piel de un tambor. | **5** Enrollar la masa por el lado largo, estirando para dar tensión. | **6** Formar la espiral dejando espacio para que crezca en el horno. | **7** Miga delicada y hojaldrada de la ensaimada.

Ensaimada

Baleares

El nombre catalán saïm *tiene su análogo en el castellano «saín»: manteca de cerdo. La ensaimada, literalmente «enmantecada», es un miembro de la familia de las espirales hojaldradas que se ven por todo el Mediterráneo. No obstante, al contrario que otras en las que se usa aceite o tahini como grasa, en la ensaimada se utiliza manteca, y se consigue así una miga delicada, suculenta y sedosa. En casa se puede lograr una gran ensaimada; solo hace falta paciencia en la fermentación (de un día para otro) y un poco de tiento en el momento mágico del estirado.*

Método

Preparar la masa madre la noche anterior y dejarla fermentar al menos 12 horas por encima de 20 °C (lo ideal es cerca de 25 °C).

Mezclar todos los ingredientes de la masa menos la levadura. Quedará una masa un poco pegajosa (1). Nada más acabar de mezclarla, dejarla descansar 5 minutos.

Amasar sobre la mesa unos 10 o 12 minutos, hasta que esté bien fina (2). También se puede amasar a intervalos. Incorporar la levadura al final del amasado.

Dejar reposar 45 minutos para que se relaje.

Untar de aceite una mesa de cerca de 1 x 1,5 m.

Estirar la masa con el rodillo hasta que mida unos 100 x 30 cm.

Untar la manteca uniformemente por toda la superficie de masa (3).

Estirar la masa suavemente, pero sin miedo, ganando cada vez más superficie, hasta que mida cerca de 120 x 80 cm y forme una capa fina como la piel de un tambor (4).

Si la masa se resiste, esperar 5 minutos.

Enrollar la masa por el lado largo. Tradicionalmente se corta una cinta de masa y se pone en un lado para que sirva de guía. Al enrollar, hay que ir estirando para dar tensión (5).

Una vez listo el rulo de más de 1 m de largo, dejarlo reposar 30 minutos.

Estirar el rulo de masa para que mida casi 2 m y formar la espiral con cuidado y dejando espacio libre entre las capas de masa para que pueda crecer (6).

Dejar fermentar de 14 a 20 horas en un sitio no muy frío hasta que haya cuadruplicado su volumen y esté muy hinchada.

Hornear a 180 °C, calor arriba y abajo, sin vapor, durante 17 o 18 minutos.

Dejar enfriar y espolvorear con azúcar glas.

1

2

3

4

5

6

7

Ingredientes

Masa madre
(de la noche anterior)

80 g de harina panificable

45 g de agua

0,2 g de levadura (aproximadamente una lenteja)

Masa final

125 g de masa madre

400 g de harina panificable (W180)

80-90 g de cocimiento de matalahúva y cítricos

60 g de aceite de oliva o girasol*

50 g de huevo

80 g de azúcar

12 g de levadura fresca

Ralladura de una naranja

8 g de sal

Para el cocimiento aromático

200 g de agua

Piel de media naranja y medio limón

2 cucharadas soperas de anís en grano (matalahúva)

Para decorar

Azúcar

* Si se usa aceite de oliva en lugar de girasol, calentarlo con una cáscara de naranja hasta que empiece a humear y dejar que se enfríe.

───────

1 Punto de humedad de la masa tras haber mezclado los ingredientes. | 2 Amasar sobre la mesa unos 10 minutos, hasta que esté fina. | 3 Bolear suavemente sin dar demasiada tensión. | 4 Formar barritas de 10 cm de longitud, dejarlas reposar 10 minutos y estirarlas hasta que finalmente midan 50 cm. | 5 Formar una espiral con cada palo de masa. | 6 Pincelar (o vaporizar) con agua y espolvorear con azúcar. | 7 Miga de la torta de rulete.

Tortas de rulete

Castilla-La Mancha

Las tortas de rulete (o rodete) son una delicadísima elaboración que demuestra cómo la humilde bollería de aceite puede alcanzar una sofisticación y una exquisitez máximas. Dado lo limitado de las cantidades de aceite y azúcar incluidas, la masa se anima con un cocimiento de matalahúva y piel de cítricos (muy común en zonas de la mitad sur del país) y ralladura de naranja. La textura es delicada y sutil; el aroma, profundo; la miga se deshilacha y se funde en la boca.

Método

Preparar la masa madre la noche anterior y dejarla fermentar al menos 12 horas por encima de 20 °C (lo ideal es cerca de 25 °C).

Para el cocimiento, hervir durante media hora, en un cazo tapado, el anís en grano y la piel de cítricos en más agua de la necesaria (ya que una parte se evaporará; solo hacen falta 90 g al final); apagar el fuego y dejarlo en infusión toda la noche.

Para la masa, mezclar todos los ingredientes. Quedará una masa un poco pegajosa pero firme (1). Nada más acabar de mezclarla, dejarla descansar 10 o 15 minutos en el bol tapado. Transcurrido ese tiempo, la masa estará más cohesionada y no se pegará tanto.

Amasar sobre la mesa unos 10 minutos, hasta que esté bien fina (2).También se puede amasar a intervalos (consultar el capítulo de técnicas).

Dejar fermentar aproximadamente 1 hora.

Dividir en porciones de unos 150 g y bolear muy suavemente (3).

Formar barritas de unos 10 cm, dejarlas reposar 5 minutos y estirarlas hasta que midan unos 50 cm de largo (4).

Formar espirales dando unas dos vueltas completas desde el punto de inicio (5).

Poner las espirales en una hoja de papel de hornear y dejarlas fermentar entre 3 y 4 horas, hasta que estén bien hinchadas.

Pincelar o pulverizar con agua y espolvorear con una capa homogénea de azúcar (6).

Calentar el horno a 200 °C, calor arriba y abajo, sin vapor. Cocer unos 11-13 minutos, hasta que tengan un dorado suave.

Dejar enfriar en una rejilla.

Ingredientes

Masa madre
(de la noche anterior)

85 g de harina panificable

45 g de agua

0,2 g de levadura (aproximadamente una lenteja)

Masa final

130 g de masa madre

430 g de harina entrefuerte (W250) (o bien 290 g de W180 y 140 g de W300)

150 g de huevo

75 g de aceite de girasol

65-80 g de agua

85 g de azúcar

8 g de levadura fresca

8 g de sal

Para decorar

1 huevo

Azúcar

---

1 Punto de humedad de la masa tras haber mezclado los ingredientes. | 2 Amasar empleando el amasado francés hasta que esté fina. | 3 Textura finísima de la masa tras el amasado. | 4 Bolear desgasificando y dando tensión para aguantar la fermentación. | 5 Pincelar con yema rebajada con agua y espolvorear con azúcar. | 6 Colocar un copete de claras batidas a punto de nieve usando una cuchara. | 7 Miga delicada del panquemao.

Panquemao

Comunidad Valenciana

«Panquemao», «mona» o «toña» son algunos de los muchos nombres que tiene el ligero bollo de aceite en Levante, con distintas variaciones en aromáticos, acabado o forma. No es raro que se añada patata a la masa (como en las toñas alicantinas). El origen pascual de este pan lo une con los hornazos, roscas y panes con huevo que se regalaban a los ahijados. El panquemao, en su versión más sencilla, es únicamente ligera masa de aceite. En Alberic, uno de sus epicentros, es habitual coronarlo con un espectacular copete de claras montadas, el caramull. En todas las versiones seduce su miga ligera y delicada y su corteza bien tostada. Para conseguir sacarle todo su sabor a una masa tan suave, es interesante darle una buena primera fermentación.

Método

Preparar la masa madre la noche anterior y dejarla fermentar al menos 12 horas por encima de 20 °C (lo ideal es cerca de 25 °C).

Al día siguiente, mezclar todos los ingredientes de la masa. Quedará una masa un poco pegajosa al comienzo (1). Nada más acabar de mezclarla, dejarla descansar 5 minutos en el bol tapado. Transcurrido ese tiempo, la masa estará más cohesionada y no se pegará tanto.

Amasar sobre la mesa unos 10 minutos hasta que esté bien fina (2 y 3). Dada la humedad de la masa, emplear el amasado francés (plegar y arrojar la masa sobre la mesa). También se puede amasar a intervalos (consultar el capítulo de técnicas).

Dejar fermentar unas 3 horas.

Dividir en dos porciones iguales y bolear dando tensión (4).

Dejar fermentar entre 3 horas y media y 4 horas.

Para la decoración, separar la clara de la yema del huevo. Batir la yema con un par de cucharadas de agua, pincelar la parte superior de los panquemaos y espolvorear con azúcar (5).

Batir la clara a punto de nieve y, con la ayuda de una cuchara, separar un trozo de clara batida del tamaño de media mandarina y colocarlo en lo alto de la masa (6).

Calentar el horno a 175 °C, calor arriba y abajo, sin vapor. Hornear de 30 a 35 minutos, hasta que tengan un dorado intenso.

Dejar enfriar en una rejilla.

Opcionalmente se pueden espolvorear con un poco de azúcar glas.

Ingredientes

Masa madre

(de la noche anterior)

90 g de harina panificable

45 g de agua

5 g de masa madre de cultivo ya refrescada

Masa final

140 g de masa madre

450 g de harina entrefuerte (W250) (o bien 300 g de W180 y 150 g de W300)

140-160 g de agua

135 g de aceite de oliva virgen

75 g de azúcar

15 g de miel

12 g de levadura fresca

50 g de pasas

50 g de nueces

10 g de anís en grano (matalahúva)

10 g de sal

Para decorar

Huevo batido

Azúcar

---

1 Punto de humedad de la masa tras haber mezclado los ingredientes. | 2 Amasar sobre la mesa hasta que la masa esté fina. | 3 Incorporar el anís en grano y los frutos secos. | 4 Textura de la masa tras el amasado y el añadido de los frutos secos. | 5 Bolear desgasificando y dando tensión. | 6 Pincelar con aceite, hacer un corte en forma de cruz y espolvorear con azúcar. | 7 Miga fundente y jugosa del nochebueno.

Nochebueno

Varias regiones

El nombre «nochebueno» está bastante extendido por Andalucía y Castilla-La Mancha, y suele hacer referencia a un pan de aceite dulce, por lo general aromatizado con matalahúva, que puede tener pasas y, a veces, nueces. El nombre atestigua la tradición festiva de este pan dulce, en el que la miga es fundente y jugosa, y la corteza bien tostada está llena de sabor. Se puede elaborar tanto en formato redondo como alargado, pero hay que tener cuidado y evitar hacer partes muy finas, pues se secarían demasiado en el horno.

Método

Preparar la masa madre la noche anterior y dejarla fermentar al menos 12 horas por encima de 20 °C (lo ideal es cerca de 25 °C).

Al día siguiente, mezclar todos los ingredientes, salvo el anís en grano, las pasas y las nueces. Quedará una masa un poco pegajosa pero no muy blanda (1). Nada más acabar de mezclarla, dejarla descansar 10 o 15 minutos en el bol tapado.

Amasar sobre la mesa unos 10 o 12 minutos, hasta que esté bien fina; es normal que la masa se ablande con el amasado (2). Si es necesario, amasar usando el amasado francés (plegar y arrojar la masa sobre la mesa). También se puede amasar a intervalos (consultar el capítulo de técnicas).

Añadir el anís en grano y amasar hasta que quede bien incorporado.

Agregar las pasas y las nueces (3) y amasar hasta incorporarlas por completo y que la masa se recomponga (4).

Dejar fermentar aproximadamente 1 hora.

Dividir en dos bolas iguales y bolearlas dándoles tensión (5).

Poner cada bola en una hoja de papel de hornear y pincelarlas con aceite de oliva.

Dejar fermentar entre 3 y 4 horas, hasta que los nochebuenos estén bien hinchados y no vayan a romperse demasiado en el horno.

Aplastar un poco cada pieza con suavidad, pincelar con huevo batido,* hacer un corte en cruz y espolvorear con azúcar (6).

Calentar el horno a 190 °C, calor arriba y abajo, sin vapor. Cocer entre 25 y 30 minutos, hasta que tengan un dorado intenso, pero sin que se quemen o puedan llegar a secarse.

Dejar enfriar en una rejilla.

* También se puede pincelar con aceite de oliva.

Masa madre

(de la noche anterior)

100 g de harina panificable

50 g de agua

0,2 g de levadura fresca (aproximadamente una lenteja)

Masa final

150 g de masa madre

500 g de harina panificable (W180)

100 g de aceite de oliva suave

230-250 g de mosto tinto

50 g de azúcar

8 g de levadura fresca

10 g de sal

Para decorar

1 huevo

Azúcar

---

1 Emplear un mosto tinto con mucho color y azúcar. | 2 Punto de humedad de la masa tras haber mezclado los ingredientes. | 3 Amasar sobre la mesa hasta que esté fina. | 4 Textura, firme y lisa, tras el amasado. | 5 Bolear desgasificando e incorporando tensión. | 6 Pincelar con huevo y espolvorear con azúcar. | 7 Miga del bollo de mosto: dependiendo de la intensidad del mosto, la miga tendrá desde un matiz violáceo hasta un color violeta más intenso.

Bollo de mosto

Varias regiones

El olivo, el trigo y la vid son la llamada «tríada mediterránea», y desde hace milenios condicionan el paisaje, las costumbres, las fiestas y la dieta de los pueblos que habitan alrededor del viejo Mediterráneo. Estos bollos son comunes en época de vendimia en varias zonas del país, especialmente en La Mancha y el interior de Valencia, donde los oscuros mostos de sus uvas tiñen la miga de un precioso tono violáceo. Hay otra implicación en el uso del mosto, ya que nos introduce en el universo de una bollería mínima: sin huevo y con cantidades muy reducidas de grasa y azúcar (aprovechando el propio azúcar del mosto), lo cual es muy inspirador en una época de abundancia como la nuestra.

Método

Preparar la masa madre la noche anterior y dejarla fermentar al menos 12 horas por encima de 20 °C (lo ideal es cerca de 25 °C).

Es interesante buscar un mosto realmente oscuro y potente (1), o bien hacerlo en casa con unas uvas tintas bien maduras en temporada.

Para la masa, mezclar todos los ingredientes. Quedará una masa un poco pegajosa pero firme (2). Nada más acabar de mezclarla, dejarla descansar 10 o 15 minutos en el bol tapado. Transcurrido ese tiempo, la masa estará más cohesionada y no se pegará tanto.

Amasar sobre la mesa unos 10 minutos (3), hasta que esté bien fina (4). También se puede amasar a intervalos (consultar el capítulo de técnicas).

Dejar fermentar aproximadamente 1 hora.

Dividir en porciones de unos 120 g y bolear con tensión (5).

Colocar las bolas de masa en una hoja de papel de hornear, dejando un espacio de separación para que puedan crecer al fermentar y durante la cocción.

Dejar fermentar unas 4 horas, hasta que estén bien hinchadas y al marcarlas con el dedo la masa no recupere su forma rápidamente.

Pincelar con huevo batido y espolvorear con azúcar (6). Si se elaboran bollos más grandes, es común hacer decoraciones con el azúcar (espirales, cruces, etc.).

Calentar el horno a 200 °C, calor arriba y abajo, sin vapor. Cocer unos 13-15 minutos, hasta que tengan un dorado muy ligero.

Dejar enfriar en una rejilla.

Ingredientes

Masa madre
(de la noche anterior)

65 g de harina panificable

35 g de agua

3 g de masa madre de cultivo

Masa final

100 g de masa madre

325 g de harina de fuerza (W300)

150 g de huevo

100 g de manteca cocida de vaca
(o mantequilla)

40 g de licor de anís

80 g de azúcar

10 g de levadura fresca

6 g de sal

Para decorar

Crema pastelera (250 g de leche, 2 yemas, 60 g de azúcar y 20 g de almidón de maíz)

Almíbar (50 g de agua, 50 g de licor de anís, 50 g de azúcar)

Azúcar anisado (50 g de azúcar y unas gotas de anís)

Huevo para pincelar

---

1 Punto de humedad de la masa tras haber mezclado los ingredientes. | **2** Amasar sobre la mesa hasta que esté fina. | **3** Añadir la manteca cocida a temperatura ambiente y amasar hasta que quede fina. | **4** Estirar la masa formando una masa de unos 30 cm de diámetro. | **5** Cortar superficialmente la masa formando una rejilla. | **6** Pincelar con huevo y decorar, con la manga pastelera, creando una rejilla de crema. Finalmente, colocar montoncitos de azúcar remojado con unas gotas de anís. | **7** La miga de la larpeira es inolvidable, sublime, con su textura jugosa y el sabor de la manteca cocida.

Larpeira

Galicia

La bolla larpeira es una pieza de bollería sustanciosa, enriquecida con manteca cocida de vaca (o mantequilla, en su defecto) y con huevos y anís por única hidratación (larpeira quiere decir «golosa» en gallego). El resultado es un mordisco inolvidable, especialmente porque se hornea con crema pastelera y se pinta con almíbar de anís al salir del horno. Con la misma masa se pueden hacer trenzas y otras elaboraciones como la proia, en este caso sin crema pastelera y bañando la pieza con manteca cocida fundida antes del horneado.

Método

Preparar la masa madre la noche anterior y dejarla fermentar al menos 12 horas por encima de 20 °C (lo ideal es cerca de 25 °C).

Para la crema pastelera, hacer una infusión de leche con canela y piel de limón (hervir y dejar varias horas en infusión). Finalmente, batir todos los ingredientes y calentar en un cazo (removiendo con las varillas) hasta que espese. Dejar que se enfríe, cubrir con film plástico y refrigerar.

Al día siguiente, mezclar todos los ingredientes de la masa, salvo la manteca cocida. Quedará una masa algo pegajosa, pero no muy blanda (1). Nada más acabar de mezclarla, dejar que repose 5 minutos.

Amasar sobre la mesa unos 5 minutos, hasta que esté fina (2). Añadir la manteca cocida a temperatura ambiente (3) y volver a amasar hasta que quede fina.

Dejar fermentar unas 4 horas.

Bolear desgasificando, pero sin dar demasiada tensión.

Dejar reposar media hora y estirar la masa formando un disco de unos 30 cm de diámetro (4).

Hacer cortes superficiales en forma de rejilla (5).

Dejar fermentar entre 1 hora y media y 2 horas.

Pincelar la pieza con huevo batido y, con ayuda de una manga pastelera, hacer con la crema un enrejado siguiendo el patrón de los cortes.

Decorar la masa con montoncitos de azúcar anisado (echar unas gotas de anís sobre el azúcar) (6).

Hornear unos 25 minutos a 180 °C, calor arriba y abajo.

Mientras se cuece, preparar el almíbar haciendo hervir los ingredientes durante 5 minutos, hasta que espesen.

Nada más sacar la larpeira del horno, pincelar con el almíbar.

Ingredientes

Masa madre
(de la noche anterior)

57 g de harina panificable

33 g de agua

0,2 g de levadura (aproximadamente una lenteja)

Masa final

90 g de masa madre

400 g de harina entrefuerte (W250) (o bien 300 g de W180 y 100 g de W300)

80 g de huevo

80 g de agua

60 g de mantequilla

60 g de azúcar

40 g de leche

10 g de levadura fresca

8 g de sal

Ralladura de medio limón

Para decorar

800-1.000 g de cerezas bien maduras

Huevo

Azúcar

---

1 Punto de humedad de la masa tras haber mezclado los ingredientes. | 2 Amasar sobre la mesa hasta que esté fina. | 3 Textura de la masa tras el amasado. | 4 Dividir en piezas de 100 g y bolear suavemente. | 5 Estirar la masa hasta formar piezas de unos 15 cm de diámetro. | 6 Pincelar con huevo, colocar las cerezas y espolvorear con azúcar. | 7 Textura de la coca de cerezas. Con el calor de la cocción, las cerezas sueltan su jugo, que se convierte en un delicioso almíbar.

Coca de cerezas

Cataluña

Esta coca de cereza es muy popular en Reus. El Día del Corpus era tradición que la gente acomodada de la ciudad la regalase a los niños. En un principio se elaboraban con masa de pan (enriquecida, como mucho, con manteca de cerdo y un poco de azúcar), lo que hacía que tardaran más en cocerse, y así las cerezas se compotaban de forma magistral. Hoy en día se elaboran con masa de brioche, por lo que hay que escoger cerezas muy maduras, preferiblemente de las más pequeñas. Los panaderos locales aún recuerdan cuando la gente del campo traía las cerezas de su masía para que el panadero les hiciera su coca amb cireres.

Método

Preparar la masa madre la noche anterior y dejarla fermentar al menos 12 horas por encima de 20 °C (lo ideal es cerca de 25 °C).

Para la masa, mezclar todos los ingredientes. Quedará una masa un poco pegajosa (1). Nada más acabar de mezclarla, dejarla descansar 10 o 15 minutos en el bol tapado. Transcurrido ese tiempo, la masa estará más cohesionada y no se pegará tanto.

Amasar sobre la mesa unos 10 minutos (2); la masa irá ganando estructura según se amase, hasta quedar bien fina (3). También se puede amasar a intervalos (consultar el capítulo de técnicas).

Dejar fermentar aproximadamente 2 horas.

Dividir en porciones de unos 100 g y bolear suavemente (4).

Formar discos de unos 15 cm de diámetro estirándolos con un rodillo (5). Dejar fermentar entre 2 horas y 2 horas y 30 minutos, hasta que estén bien hinchados y blanditos.

Pincelar con huevo y colocar unas doce o quince cerezas por coca, hundiéndolas bien para evitar que se salgan durante la cocción. Espolvorear con azúcar antes de enhornar (6).

Cocer entre 12 y 15 minutos a 190 °C, calor arriba y abajo, sin vapor, hasta que estén doradas y las cerezas hayan soltado su jugo y este se haya convertido en almíbar (7).

Dejar enfriar en una rejilla.

Ingredientes

Masa madre
(de la noche anterior)

65 g de harina panificable

35 g de agua

0,2 g de levadura (aproximadamente una lenteja)

Masa final

100 g de masa madre

400 g de harina panificable (W180)

115-130 g de leche aromatizada

90 g de azúcar

50 g de huevo

45 g de mantequilla

10 g de levadura fresca

7 g de sal

Ralladura de medio limón

1 cucharada de postre de anís en grano (matalahúva)

Para la infusión de leche

250 g de leche

Medio palo de canela

1 cucharada de postre de anís en grano

Piel de medio limón

Huevo para pincelar

---

1 Punto de humedad de la masa tras haber mezclado los ingredientes. | 2 Amasar sobre la mesa hasta que esté fina. | 3 Textura de la masa tras el amasado. | 4 Dividir en piezas de 200 g y bolear dando tensión. | 5 Pincelar con huevo una vez fermentados los bollos. | 6 Hacer un profundo corte de unos 2 o 3 cm de profundidad que atraviese la pieza. | 7 Miga delicada y aromática del bollo gomero.

Bollo gomero
Canarias

Canarias es un lugar fascinante, también en lo referente al pan. Como si de un puente de pan en el mar se tratase, el gusto local mezcla tradiciones de la Península con el gusto de muchos países americanos por masas tiernas y dulzonas, y no es raro que muchos de sus panes vayan enriquecidos con algo de grasa y azúcar, como sucede al otro lado del Atlántico. Estos bollos de leche son populares más allá de la pequeña isla de La Gomera; son aromáticos, con la miga consistente pero esponjosa, y se pueden comer tanto con dulce como acompañando a los increíbles quesos canarios. También se puede elaborar una versión con batata o patata cocida como parte de la masa, lo cual aporta gran jugosidad.

Método

Preparar la masa madre la noche anterior y dejarla fermentar al menos 12 horas por encima de 20 °C (lo ideal es cerca de 25 °C).

Para la infusión aromática, calentar en un cazo más leche de la necesaria (parte se evaporará) con la canela, el anís en grano y el limón. Hacer que hierva, apagar el fuego, dejarla en infusión toda la noche y finalmente colarla para descartar los ingredientes sólidos.

Al día siguiente, mezclar todos los ingredientes de la masa. Quedará una masa algo pegajosa, pero no muy blanda (1). Amasar durante unos 7 o 10 minutos (2), hasta que esté muy fina (3).

Dejar fermentar entre 1 hora y 1 hora y 30 minutos.

Dividir la masa en porciones de 200 g y bolearlas desgasificando y dando tensión (4).

Dejar fermentar cerca de 4 horas, hasta que estén bien hinchados, pero aún les quede un poco por crecer.

Pincelar las piezas con huevo batido (5) y hacerles un profundo corte de unos 2 o 3 cm de profundidad que atraviese los bollos por el centro (6).

Cocer con el horno a 190 °C, calor solo abajo, con una bandeja metálica en la base del horno; echar 100 ml de agua caliente en la bandeja al comenzar la cocción. Tras 5 minutos, retirar la bandeja con agua y continuar horneando otros 15-17 minutos a 200 °C, hasta completar unos 20-22 minutos de cocción total.

Dejar enfriar en una rejilla.

Ingredientes

Masa madre
(de la noche anterior)

100 g de harina panificable

50 g de agua

0,2 g de levadura fresca (aproximadamente una lenteja)

Masa final

150 g de masa madre

500 g de harina de fuerza (W300)

230 g de patata cocida y convertida en un puré muy fino trabajado

90 g de azúcar

110 g de huevo

120 g de manteca de cerdo

12 g de levadura fresca

Para decorar
Azúcar glas

Para la coca de albaricoques

1 docena de albaricoques anaranjados bien maduros por coca

Azúcar glas

---

1 Punto de humedad de la masa tras haber mezclado los ingredientes. | **2** Amasar sobre la mesa con intensidad hasta que la masa se ablande y quede muy fina. | **3** Para las cocas de patata, dividir la masa en porciones de 130 g y bolear dándole tensión. | **4** Para la coca de albaricoques, una vez fermentada la masa, colocar los albaricoques partidos por la mitad hundiéndolos en la masa. | **5** Una vez cocidas y enfriadas las cocas, espolvorear con azúcar glas antes de comer. | **6** La miga de las cocas de patata es increíblemente delicada y ligera: el lujo hecho coca. | **7** La coca de albaricoques consigue una textura fundente y deliciosa.

Coca de patata

Baleares

Desde que su consumo se popularizó en el siglo XVIII, la patata puebla los recetarios panaderos de medio mundo. En un principio se usaba por necesidad (para estirar el trigo en tiempos de escasez) y después por puro placer cuando se descubrió el milagro que obra en las masas. En España es habitual en masas dulces de Alicante a Canarias y de Toledo a Mallorca. En todos los casos, la patata consigue una esponjosidad y una jugosidad antológicas. Esta masa es extraordinaria, ya que la textura al amasar es bastante sólida, y sin embargo el resultado es etéreo. Con la misma masa propongo como opción elaborar una coca de albaricoques, muy popular en las Baleares (que se puede completar, nada más sacarla del horno, con trocitos de sobrasada).

Método

Preparar la masa madre la noche anterior y dejarla fermentar al menos 12 horas por encima de 20 °C (lo ideal es cerca de 25 °C).

Al día siguiente, mezclar todos los ingredientes. Quedará una masa sorprendentemente firme, aunque algo pegajosa por la patata y la manteca (1). Amasarla con intensidad durante unos 10 o 12 minutos (2), trabajándola mucho hasta que se vaya ablandando y acabe por quedar fina y dúctil.

Dejar fermentar unas 3 horas.

Para las cocas de patata, dividir la masa en porciones de 130 g y bolearlas para que queden bien firmes (3).

Para la coca de albaricoques, dividir la masa en porciones de 300 g, bolearlas suavemente, dejar que reposen media hora y formar discos de 30 cm de diámetro y 1 cm de grosor.

Dejar fermentar cerca de 4 horas, hasta que la masa esté bien hinchada.

Para la coca de albaricoques, colocar en este momento una docena de albaricoques cortados por la mitad y deshuesados, haciendo presión para que se hundan en la masa (4).

Cocer con el horno a 190 °C, calor arriba y abajo, sin vapor.

Las cocas de patata deberán estar en el horno entre 13 y 15 minutos, hasta que tengan un dorado intenso. La coca de albaricoques, entre 14 y 17 minutos, hasta que esté dorada y los albaricoques, tiernos.

Dejar enfriar en una rejilla y espolvorear en ambos casos con azúcar glas (5).

Ingredientes

Masa madre
(de la noche anterior)

65 g de harina panificable

35 g de agua

0,2 g de levadura fresca (aproximadamente una lenteja)

Masa final

100 g de masa madre

250 g de harina de fuerza (W300)

75 g de huevo

75 g de mantequilla

55-70 g de leche aromatizada

60 g de azúcar

8 g de levadura fresca

5 g de sal

Ralladura de media naranja

Para la leche aromatizada

400 g de leche entera

Medio palo de canela

Piel de medio limón

Para la crema pastelera

250 g de leche aromatizada

2 yemas

60 g de azúcar

20 g de almidón de maíz

Para decorar: huevo batido, fruta confitada, piñones, azúcar

---

1 Punto de humedad de la masa tras haber mezclado los ingredientes. | 2 Amasar sobre la mesa hasta que la masa esté fina. | 3 Golpear la mantequilla fría con un rodillo para ablandarla, cortarla en pedacitos y añadirla a la masa. | 4 Bolear desgasificando, pero sin dar una tensión excesiva. | 5 Estirar con un rodillo hasta formar una elipse de 35 x 25 cm. | 6 Pincelar con huevo y decorar con la crema pastelera (hacer una rejilla usando una manga), la fruta confitada, piñones y azúcar. | 7 Miga de la *coca de Sant Joan.*

Coca de Sant Joan

Cataluña

La noche de San Juan es una de las más esperadas del año; el solsticio de verano se celebra (además de con hogueras y verbenas) con algunas de las piezas especiales de bollería más queridas y deseadas de los recetarios locales. En distintas partes del país hay tortas y cocas de masa enriquecida. Entre las más populares en Cataluña están la de frutas, la de crema con frutas y la de chicharrones o llardons (es habitual que todas vayan lujosamente coronadas con piñones). Esta masa sirve de base para las dos primeras y produce una miga mantecosa y deliciosa que invita a repetir y compartir.

Método

Preparar la masa madre la noche anterior y dejarla fermentar al menos 12 horas por encima de 20 °C (lo ideal es cerca de 25 °C).

Para la crema pastelera, primero hacer una infusión de leche con canela y piel de limón (hervir y dejar varias horas en infusión). Finalmente, batir todos los ingredientes y calentar en un cazo, sin parar de remover con las varillas, hasta que espese. Retirar del fuego, dejar que se enfríe, cubrir con film plástico para evitar que le salga piel, y refrigerar.

Al día siguiente, mezclar todos los ingredientes de la masa, salvo la mantequilla. Quedará una masa algo pegajosa pero no muy blanda (1). Amasar 5 minutos, hasta que esté fina (2).

Incorporar la mantequilla fría pero golpeada con un rodillo para ablandarla (3). Amasar otros 10 minutos; al principio la masa estará pegajosa, pero tras trabajarla quedará fina.

Dejar fermentar 2 horas y media.

Bolear desgasificando, pero sin dar una tensión excesiva (4).

Dejar reposar 1 hora.

Estirar la masa con el rodillo formando una elipse de unos 35 x 25 cm (5).

Dejar fermentar de 2 horas y 30 minutos a 3 horas, hasta que la masa esté bien hinchada.

Pincelar la pieza con huevo batido y colocar la fruta confitada (guindas, naranja, etc.). Decorar con la crema pastelera, dibujando una rejilla con una manga pastelera.

Finalmente, decorar con piñones y espolvorear con azúcar (6).

Hornear unos 20-22 minutos a 200 °C, calor arriba y abajo, sin vapor.

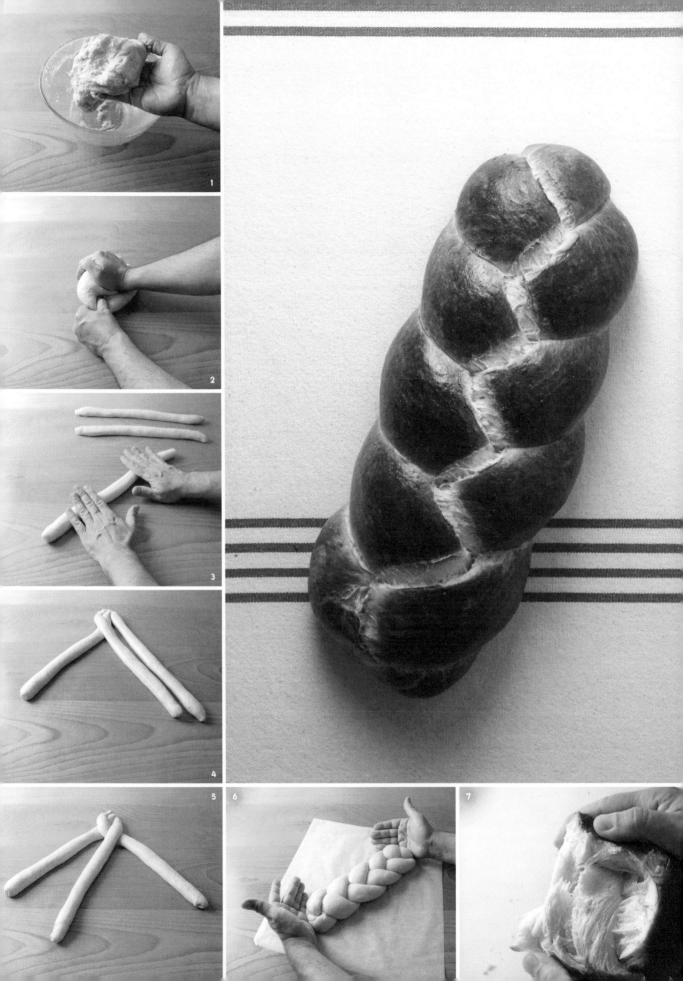

Ingredientes

Masa madre

(de la noche anterior)

65 g de harina panificable

35 g de agua

0,2 g de levadura fresca (aproximadamente una lenteja)

Masa final

100 g de masa madre

350 g de harina de fuerza (W300)

124 g de huevo

95 g de mantequilla

95 g de azúcar

25 g de aguardiente de anís

15 g de levadura fresca

7 g de sal

Huevo batido para pincelar

---

1 Punto de humedad de la masa tras mezclar los ingredientes. | 2 Amasar sobre la mesa hasta que la masa quede bien fina. | 3 Formar barritas de 50 cm de largo. | 4 Colocar los tres cabos como un abanico y pasar el izquierdo sobre el central. | 5 Pasar el cabo derecho sobre el central y repetir esta técnica (el cabo exterior sobre el central) hasta acabar la trenza. | 6 Presionar con fuerza los extremos para sellar bien la masa. | 7 El trenzado proporciona una miga con mucha hebra, jugosa y suculenta.

Trenza de huevo y mantequilla

Varias regiones

En Galicia y Asturias son muy comunes las trenzas dulces, ya sea con forma de corona («rosca») o alargada, que en Asturias se llama «enfilada», «alfilada» o «coleta». Estas masas pascuales, de posible herencia judía, se suelen elaborar con huevo por toda hidratación y grandes cantidades de mantequilla o manteca cocida de vaca, lo que les da una suculencia extraordinaria. Esta trenza está inspirada en una antigua receta asturiana que funde la mantequilla (en lugar de retrasarla a la última parte del amasado), lo que da una miga jugosa y un poco más densa que el brioche al uso. El trenzado proporciona a la miga una textura de hebras deliciosa y especial.

Método

Preparar la masa madre la noche anterior y dejarla fermentar al menos 12 horas por encima de 20 °C (lo ideal es cerca de 25 °C).

Al día siguiente, batir los huevos con el azúcar hasta que este se disuelva. Añadir la mantequilla fundida batiendo bien. Mezclar el resto de los ingredientes hasta obtener una masa homogénea bastante pegajosa (1). Nada más acabar de mezclarla, dejarla descansar 10 minutos.

Amasar sobre la mesa de 10 a 12 minutos, hasta que esté fina (2).

Dejar fermentar unas 3 horas.

Dividir en tres piezas iguales y bolearlas.

Dejar reposar 30 minutos y formar barritas de unos 10 cm de longitud.

Dejarlas reposar 15 minutos y estirarlas hasta formar palos de 50 cm (3).

Para formar la trenza, unir los tres cabos por un extremo y disponerlos como un abanico abierto. Pasar el cabo izquierdo sobre el central y dejarlo paralelo al derecho (4). Pasar el cabo exterior derecho sobre el central y dejarlo paralelo al izquierdo (5). A partir de ahí, la técnica siempre consiste en traer el cabo exterior al centro y continuar hasta acabar la trenza.

Presionar con firmeza los extremos para fundir los cabos y sellar la masa (6).

Dejar fermentar entre 3 y 4 horas, intentando que no llegue muy pasada al horno.

Pincelar la pieza con huevo batido.

Cocer unos 35 minutos a 180 °C, calor arriba y abajo, sin vapor. Si la trenza coge mucho color, se puede tapar con papel de aluminio.

Masa madre
(de la noche anterior)

60 g de harina panificable

35 g de agua tibia

35 g de masa madre de cultivo
activa

Masa final

130 g de masa madre

500 g de harina entrefuerte
(W250) (o bien 350 g de W180 y
150 g de W300)

150 g de huevo

120 g de manteca de cerdo

70 g de aguardiente de anís

150 g de azúcar

10 g de anís en grano (matalahúva, batafaluga en Ibiza)

Ralladura de dos limones

Sin sal

Para decorar

Almíbar (50 g de aguardiente de
anís y 50 g de azúcar)

Azúcar

Bescuit pagès

Baleares

En la cocina ibicenca sobrevive un gusto medieval, tanto en sabores como en técnicas. El dulce navideño clásico es la salsa de Nadal, una especie de turrón líquido de almendra y huevo, muy especiado, que suele tener como alma caldo de pollo, manteca de cerdo e incluso sobrasada. Para acompañar esta delicia se prepara un pan dulce denominado bescuit de Nadal (aunque originalmente se hacía para cualquier ocasión festiva).* Para respetar su espíritu arcaico, esta versión emplea solo masa madre de cultivo y recurre a una larguísima fermentación a temperatura ambiente. La textura es más densa que un brioche al uso, pero su jugosidad y su sabor son inolvidables.

* En Formentera se llama coc dolç, ya que bescuit es como se denominan las crostes del capítulo de pan crujiente.

Método

Preparar la masa madre unas 3 horas antes partiendo de una masa madre activa y suave, pero que es importante que no esté ácida. El último refresco es ideal que se haga entre 25 y 30 °C.

Mezclar todos los ingredientes de la masa. Quedará un poco pegajosa pero no muy blanda (1). Nada más acabar de mezclarla, dejarla descansar 5 minutos.

Amasar sobre la mesa de 10 a 12 minutos, trabajándola mucho hasta que esté fina (2). También se puede amasar a intervalos (consultar el capítulo de técnicas).

Dejar fermentar unas 3 horas.

Dividir en dos piezas iguales y bolearlas desgasificándolas y dándoles tensión (o bien hacer una sola pieza grande).

Dejar reposar 30 minutos y formar dos barrotes cortos, de unos 25 cm de largo (3).

Colocar en una hoja de papel de hornear y dejar fermentar de 15 a 20 horas en un lugar que no esté frío, para que la fermentación no se ralentice (4). El tiempo puede variar mucho dependiendo de la temperatura.

El *bescuit* tiene que entrar al horno cuando ya esté maduro, para no rasgarse.

Cocer 1 hora a 170 °C, calor arriba y abajo, sin vapor.

Mientras se hornea, preparar el almíbar mezclando el anís con azúcar y calentándolo para que se disuelva.

Nada más sacar los *bescuits* del horno, pincelar con el almíbar (5) y decorar con un hilo de azúcar a lo largo de la pieza (6).

1 Punto de humedad de la masa tras mezclar los ingredientes. | 2 Amasar sobre la mesa con intensidad, hasta que la masa esté fina. | 3 Formar dos barrotes de unos 25 cm de longitud. | 4 Dejar fermentar de 15 a 20 horas a temperatura ambiente, hasta que los barrotes estén hinchados. Dependerá mucho de la temperatura: hay que intentar que la masa no pase frío. | 5 Nada más sacar los bescuits del horno, pincelar con el almíbar de anís. | 6 Finalmente, espolvorear con azúcar. | 7 Miga aromática y cremosa del *bescuit de Nadal*.

Glosario

Alveolatura: estructura de la miga que forman las burbujas de gas creadas durante la fermentación. La cantidad de agua de la masa, el tiempo de fermentación y la manipulación son algunos de los factores que afectan a la alveolatura.

Autolisis: reposo que se da a la mezcla de harina y agua (sin levadura ni masa madre ni sal). Permite a la masa ganar extensibilidad y cohesión, así como producir un pan de mayor volumen. En panes sin amasado ayuda a dar cuerpo a la masa.

Bolear: dar estructura a la masa tensionándola en forma de bola. Suele darse tras un periodo de reposo fermentativo.

Bollería: disciplina mixta que combina aspectos de la panadería y de la pastelería, y que suele incluir las masas fermentadas enriquecidas.

Bregado: véase «Candeal».

Candeal: pan de miga blanca y tupida que se obtiene con una masa de baja hidratación (masa dura) refinada con el rodillo. Es tradicional en la mayor parte de España.

Contrafresado: técnica en la cual se acaba el amasado añadiendo harina para endurecer la masa (opuesta al bassinage). En la elaboración del pan candeal es un modo sencillo de desarrollar el gluten mediante el amasado.

Desgasificar: quitar de la masa parte del gas generado durante la fermentación. Se puede desgasificar mucho (para conseguir una miga homogénea y evitar alveolos grandes) o bien poco (para mantener una estructura abierta e irregular).

Elasticidad: capacidad de la masa de volver sobre sí misma tras ser estirada (no confundir con extensibilidad). Una masa demasiado elástica será difícil de estirar y comportará problemas tanto en el formado como en el desarrollo final en el horno. Se puede solucionar con mayor hidratación, mayor tiempo de fermentación y autolisis.

Escanda: nombre que se da a distintas variedades de trigo; una de ellas es ampliamente conocida como «espelta». En Asturias se ha hecho tradicionalmente la división entre fisga (*Triticum spelta*) y povía (*Triticum dicoccum*), también llamado «emmer» o «farro».

Extensibilidad: capacidad de la masa de estirarse sin romperse (no confundir con elasticidad). Un exceso de extensibilidad produce una masa sin cuerpo y un pan plano; se puede corregir mediante pliegues y amasado para que la masa gane fuerza.

Extracción: cantidad de harina que se obtiene del grano. Una harina panadera es muy blanca y su extracción es baja, sobre el 70 % (quiere decir que se ha sustraído el 30 % del grano). Una harina más oscura se denomina «de alta extracción» y puede estar por encima del 80 %.

Formado: etapa del proceso de panificación en que se da al pan la forma definitiva que tendrá al entrar al horno. Puede ir precedido por un preformado, una manipulación más suave para conferir una estructura previa.

Fuerza: estructura plástica de la masa determinada por la cantidad y la calidad del gluten del grano. Solamente los trigos tienen un gluten de suficiente cantidad y calidad para hacer una masa cohesionada (el centeno tiene gluten, pero no tiene fuerza ninguna). Se suele dividir en dos factores: la elasticidad y la extensibilidad.

Gluten: malla proteica que se obtiene al combinar con agua (y mediante el amasado o reposo) las proteínas presentes en las harinas del trigo.

Hidratación: cantidad de agua que se añade a la harina para crear la masa. Hay panes de baja hidratación (hipohidratados), como el candeal; panes de hidratación media, que constituyen la mayoría de los panes de este libro, y panes de hidratación alta (hiperhidratados), como el pan gallego.

Levadura: término polisémico. Hoy en día se refiere a un producto elaborado en fábrica que se presenta en pastilla o en gránulos, pero en un comienzo definía a la masa madre.

Masa madre: término polisémico que define un trozo de masa que contiene microorganismos fermentativos (levaduras y bacterias). En su origen, la madre era de cultivo espontáneo (los microorganismos del ambiente poblaban la masa), pero con la introducción de la levadura comercial en el siglo XIX se mantuvo el nombre, dando lugar a una habitual confusión (ver capítulo de introducción).

Membrana: para determinar si una masa que necesita un amasado completo está ya lista, se toma un trozo de masa del tamaño de una nuez y se estira entre los dedos para ver si puede formar una fina membrana translúcida.

Pliegue: gesto de manipulación de la masa para darle cuerpo y reforzar el gluten. Consiste en estirarla y plegarla sobre sí misma como si fuera un tríptico.

Refinar: pasar una masa de baja hidratación por una máquina de rodillos hasta que su textura sea fina y dúctil. También se puede hacer con un rodillo (ver capítulo de introducción).

Sobado: véase «Candeal».

Trigo duro: variedad de trigo que suele dar una harina amarillenta y granulosa. Sus granos son vítreos y ambarinos. Es muy común en panes de toda la cuenca mediterránea (además de usarse para la pasta).

W: valor que indica la fuerza de una harina, de menos a más: W200 es más fuerte que W100. Se obtiene en laboratorio y es una indicación general; harinas con la misma W pueden tener comportamientos distintos, ya que no se indica el equilibrio entre elasticidad y extensibilidad (ver capítulo de introducción).

Índice de recetas

Índice de ingredientes

Epílogo

Estoy en deuda con todos los panaderos que me inspiraron y me ayudaron a preparar *Pan de pueblo*, obra de la que surge este nuevo libro de recetas y técnicas. Cientos de hombres y mujeres me abrieron sus obradores y compartieron conmigo noches de hornada, me dieron plato y cama sin pedir nada a cambio. Sin aquellos consejos y su generosa manera de compartirlos, me hubiera sido imposible afrontar la realización de este nuevo volumen.

Para estas recetas he vuelto a contar con el asesoramiento de panaderos de todo el país, de Tenerife a Santiago de Compostela y de Granada a Mallorca. Siento una gran emoción al pensar que este es, en realidad, un libro compartido, hecho por cientos de manos que han intentado plasmar el saber que atesoran, aprendido a su vez de sus mayores.

Me llevaría cientos de páginas enumerar a todas y cada una de las personas que me han ayudado, pero quiero agradecer expresamente el cariño y la amistad que me han ofrecido panaderos como la familia Moscoso Moure, José Luis Miño, los hermanos Castro, la familia Rodríguez Argibay, Carmen Polanco y José Luis Díaz, Ángel Luque, Javier Ibort, David Muñoz, Félix Arribas, Xavier Barriga, los hermanos Pàmies, Jesús Machí, Paco Navarro, Antonio Ramos, Joan Seguí, Carlos Donate, Miguel Ángel Sahuquillo, José Ignacio del Melado, Pepe Ruiz, Daniel González, Alexis García, Tomeu Arbona, Estela Riera, Vicent Palermet, Pedro Jiménez, Teodoro Fernández, Crescencio Utrilla, «Niko» García o panaderos caseros con el alma de pan como Joaquín Blanco, Marta Roldán y José Luis Giménez. Quiero hacer público mi infinito agradecimiento a Susana Pérez, «Su», cuyo apoyo inquebrantable me ha servido en tantos momentos difíciles. Y a mi primo Mingo Laín por su sabiduría, que evitó mucho trabajo y tener que buscar membrillos en el mes de mayo.

No puedo dejar de celebrar el incondicional apoyo de Roca Fariners, con Lot al frente, cuyas harinas he empleado mayoritariamente para realizar los panes del libro, junto con las estupendas harinas gallegas de El Molino de Cuiña. La tela masera que ilustra todos y cada uno de los bodegones del libro me la proporcionó, sin saber para qué iba a usarla, Francisco Pacheco, de Alcantarilla.

Gracias a todos, espero que el libro esté a la altura de vuestra calidad como personas y panaderos.